2014

中国粮食发展报告

CHINA GRAIN DEVELOPMENT REPORT 2014

国家粮食局 主编

经济管理出版社
ECONOMY & MANAGEMENT PUBLISHING HOUSE

图书在版编目（CIP）数据

2014中国粮食发展报告/国家粮食局主编．－北京：经济管理出版社，2014.12
ISBN 978-7-5096-3478-3

Ⅰ．①2… Ⅱ．①国… Ⅲ．①粮食－经济发展－研究报告－中国－2014 Ⅳ．①F326.11

中国版本图书馆CIP数据核字(2014)第266139号

责任编辑：张　艳　赵喜勤
装帧设计：杨　炜　刘艳南
责任校对：超　凡
图片提供：壹　图
出版发行：经济管理出版社（北京市海淀区北蜂窝8号中雅大厦A座11层 100038）
网　　址：www.E-mp.com.cn
电　　话：(010)51915602
印　　刷：北京地大天成印务有限公司
经　　销：新华书店
开　　本：880mm×1230mm/16
印　　张：11
字　　数：229千字
版　　次：2014年12月第1版　2014年12月第1次印刷
书　　号：ISBN 978-7-5096-3478-3
定　　价：150.00元

2014
中国粮食发展报告编辑委员会

编写组
（按姓氏笔画排序）

万劲松	孔伟娟	尹 坚	方 言	方 进	王 弘	王 旭
王 辉	王世海	王业东	王正友	王仲涛	王耀鹏	邓 立
史京华	田 野	龙伶俐	刘 平	刘 韧	刘 萍	刘冬竹
刘宇宁	刘启波	刘妍杉	刘青青	刘莉华	匡广忠	吕昱晨
孙 伟	孙丽娟	孙洪波	安海东	曲贵强	朱 震	朱之光
朱闽鲁	纪 展	许 策	闫鹭鹭	齐朝富	吴国勇	张 云
张 凯	张 怡	张 雪	张 蕾	张永强	张立伟	张亚奇
张庆娥	张延华	张成志	张志栋	李 红	李 玥	李 洵
李 涛	李云峰	李亚莉	李美琴	李寅铨	李鹏飞	杨 正
杨洪建	杨凌志	杨晓帆	杨道兵	肖 玲	肖春阳	陈 玲
陈书玉	陈玉中	陈军生	陈成云	陈秀玲	陈家积	周 波
周 惠	周冠华	林凤刚	林明亮	罗文娟	郁士祥	金 贤
姚 磊	姚秀敏	姜在峰	姜青志	施开分	洪 荣	胡文忠
胡承淼	胡瑶庆	胡耀芳	贺 伟	贺 娟	赵文先	赵泽林
赵素丽	唐 平	唐 成	唐 茂	唐继发	唐铁军	唐瑞明
夏丹萍	徐晶莹	秦 健	秦玉云	耿晓頔	贾 骞	郭 建
郭洪伟	郭晓虹	陶 英	寇 荣	曹颖君	阎豫桂	麻 婷
麻国杰	黄加才	彭 扬	智振华	曾令清	温朝晖	程继伟
韩继志	韩静涛	谭本刚	颜 波	颜士国	黎 霆	魏 然

编辑部

主　　任：何松森
副 主 任：刘　力
工作人员：刘珊珊　崔菲菲

目录

目录

目 录

专 栏

附 录

2013年中国粮食发展概述

2013年是粮食工作极不平凡的一年。中央经济工作会议确立了“以我为主、立足国内、确保产能、适度进口、科技支撑”的国家粮食安全战略。习近平总书记反复强调解决好吃饭问题始终是治国理政的头等大事，提出了“悠悠万事，吃饭为大”、“保障国家粮食安全是一个永恒课题，任何时候这根弦都不能松”、“中国人的饭碗任何时候都要牢牢端在自己手上”、“我们的饭碗应该主要装中国粮”等一系列重要战略思想，作出了“耕地红线要严防死守”、“调动和保护好‘两个积极性’”、“搞好粮食储备调节”、“中央和地方要共同负责”、“善于用好两个市场、两种资源”、“高度重视节约粮食”等一系列重大战略部署。1月15日，李克强总理到国家粮食局视察指导工作并发表重要讲话，站在全面建成小康社会、协调推进“新四化”建设的战略高度，强调要“守住管好‘天下粮仓’，做好‘广积粮、积好粮、好积粮’三篇文章”。这是对中共十八大关于“确保国家粮食安全和重要农产品有效供给”重要决策的深刻阐释，是全面落实中央“把保障粮食供应能力牢靠地建立在我们自己身上”、“把饭碗牢牢端在我们自己手中”的战略举措，是对当前和今后一个时期做好粮食流通工作、保障国家粮食安全的总部署、总要求。

一年来，全国粮食系统广大干部职工认真贯彻中共十八大关于确保国家粮食安全的战略部署，深入学习贯彻中央领导同志关于粮食工作的重要指示精神，面对世界经济延续低速增长，国内经济下行压力较大以及复杂多变的国际粮食形势，牢牢把握稳中求进的工作总基调，迎难而上，开拓进取，做到了稳中有进、稳中有为，为保障国家粮食安全、促进国民经济持续健康发展、维护社会和谐稳定作出了积极贡献。

一、粮食生产实现十连增，保障粮食安全的物质基础更加稳固

国家继续加大“三农”投入力度，中央财政全年安排用于“三农”的支出达到13799亿元，增长11.4%。继续按照稳定面积、优化结构、主攻单产的基本思路，扎实开展粮食稳定增产行动。继续加大补贴力度，增加产粮大县奖励资金，2013年中央财政对种粮农民进行直接补贴、良种补贴、农机具购置补贴和农资综合直补等“四补贴”的支出达到1672亿元。同时鼓励引导各类资金投向农业农村，不断优化支持结构，确保把有限的资金用在“刀刃”上，增强支持的精准性，提高资金的使用效率。

在国际粮食市场价格持续大幅下降的情况下，国家继续在粮食主产区实行最低收购价政策，

并适当提高最低收购价格水平，早籼稻、中晚籼稻、粳稻价格水平比上年分别提高0.24元/公斤、0.2元/公斤和0.2元/公斤，小麦价格水平比上年提高0.2元/公斤；继续对玉米、油菜籽、大豆实行临时收储政策，玉米和油菜籽临时收储价格分别比上年提高0.12元/公斤和0.1元/公斤，大豆临时收储价格与上年持平。

中央一系列强农惠农富农政策的实施，有效保护和调动了农民种粮积极性，促进了粮食生产发展，粮食总产量实现"十连增"，创下60194万吨的历史新高，比上年增加1236万吨，增长2.1%。粮食产量逐年稳步提高，进一步夯实了保障粮食安全的物质基础。

二、有效实施宏观调控，确保粮食市场供应和价格基本稳定

进一步完善并及时公布最低收购价执行预案和临时收储工作方案。新粮上市后，湖北、河南、安徽、江苏4省先后启动了小麦最低收购价执行预案。根据生产形势和市场价格情况，及时安排部署地方认真落实油菜籽、大豆、玉米和新疆小麦临时收储政策，执行临时收储工作方案。加强对粮食收购工作的组织和指导，适时召开夏季粮油、秋粮收购工作会，派出工作组赴主产区检查指导粮食收购工作，督促企业严格执行"五要五不准"收购守则，确保了收购工作顺利进行。2013年，各类粮食企业共收购粮食34445万吨，其中最低收购价和临时收储粮食8319万吨。通过提价托市、优质优价、帮助农户整粮减损等措施促进种粮农民增收430亿元以上。

2013年，我国发生了四川芦山地震、甘肃岷县地震、吉林松原地震、黑龙江松花江嫩江流域洪涝、南方高温干旱、沿海强台风等严重自然灾害，给国内粮食市场保供稳价工作带来较大压力，国际市场粮食价格大幅波动也给国内粮食市场造成较大冲击。通过开展储备粮油轮换、合理安排政策性粮食投放、跨省移库、产销对接、落实地震灾区粮食补助等手段，不断加强和改善粮食宏观调控，有效保证了日常和应急状态下的粮食市场供应。全年投放政策性粮食3480万吨，组织跨省移库1350万吨，产销对接1910万吨，军粮供应保障水平继续提高，灾区粮食供应得到有效保障。粮食市场价格除小麦比上年有所上涨外，其他品种粮价与上年同期基本持平，奠定了整个市场价格稳定的基础，为合理控制CPI涨幅作出了积极贡献。

认真做好中央储备粮油管理工作，及时下达、追加中央储备粮年度轮换计划及玉米、稻谷跨省轮换计划并督促落实，保证中央储备粮油储存安全，通过进口转储方式进一步充实国家政策性粮食库存。年末粮食库存总量继续保持历史较高水平，库存消费比继续处于安全合理的水平，国家库存粮食质量总体良好，宜存率达95%以上。

三、推动粮食安全省长负责制的完善和落实，增强各地保障粮食安全的意识和责任

在充分调研和广泛征求意见的基础上，国家粮食局认真研究起草《国务院关于进一步完善和落实粮

食安全省长负责制的意见（代拟稿）》，并上报国务院，旨在明确划分中央和地方粮食事权，全面落实省级人民政府在粮食生产、粮食流通、稳定区域粮食市场和粮食质量安全等方面的责任，真正建立起国家宏观调控下省级人民政府对本地区粮食生产、流通和安全全面负责的体制，把保障国家粮食安全的责任落到实处。各地粮食部门加大对完善和落实粮食安全行政首长负责制的推进力度，因地制宜地制订责任考核办法、完善具体措施。山西、浙江、广东、云南、贵州等省政府相继出台了粮食行政首长负责制的措施意见，一些省份将粮食安全责任的落实情况列入党政部门年度目标责任考核范围。

四、启动实施“粮安工程”，加强粮食流通能力建设

国家粮食局编制上报了《全国“粮安工程”建设规划》，各省级粮食局都高质量地完成了规划编制工作。江苏、河南、湖北、广西、重庆、西藏、陕西、宁夏、新疆等省级政府出台了推进“粮安工程”建设的意见。

国家发展改革委安排投资近35亿元，用于粮油仓储、物流、质检、农户科学储粮项目建设和加工业技术改造升级；财政部重点安排了粮食统计信息体系、放心粮油工程、军粮供应网点、粮食科研专项等“粮安工程”建设资金，特别是将“危仓老库”维修改造资金由4亿元增加到10亿元，带动地方财政投入40多亿元。粮食储运监管物联网应用示范项目列入国家重点支持的10个物联网专项计划。全国粮食应急供应网络布点工作初步完成，应急网点由上年的14987个增加到42656个。试点开通了白城—蚌埠、松原—岳阳两条散粮铁路运输线路，集装箱散粮运输试点进展顺利。主食产业化快速推进，“放心粮油”工程取得新进展。

各级粮食部门把节粮减损摆上粮食工作的重要日程，深入开展粮食行业带头爱粮节粮反对浪费的活动，积极推广应用新技术、新工艺，减少粮食产后损失损耗。农户科学储粮专项2013年新增171万户，累计达677万户，每年可减少粮食损失75万吨。国家粮食局分别与总后勤部、全国妇联、教育部、共青团中央联合开展爱粮节粮进军营、进家庭、进学校活动，举办“世界粮食日暨全国爱粮节粮宣传周”“粮食科技活动周”等活动，加大爱粮节粮宣传力度，全社会爱粮节粮意识得到进一步提高。

五、推进粮食企业改革和发展，稳步提高粮食经济增长的质量和效益

督促各地认真落实《国家粮食局中国农业发展银行关于进一步加强合作推进国有粮食企业改革发展的意见》，充分发挥粮食政策性银行对深化国有粮食企业改革发展的支持作用。通过积极协调财政部、国家税务总局、中国农业发展银行，出台了《关于部分国家储备商品有关税收政策的通知》、《关于有效落实政策指导性粮油收购贷款双结零措施的通知》等相关财税金融政策，减轻承担政策性粮油储备任务的企业负担，提高粮食企业资产质量和信用等级，为粮食企业做大做强创造良好条件。

各地继续推进县级国有粮食企业兼并重组，黑龙江、辽宁、山东、江苏、安徽、江西、广西等省

级政府制定了促进国有粮食企业改革和粮食产业发展的政策措施。“一县一企、一企多点”的产权制度改革进程加快，“粮食银行”、“主食厨房”等经营模式得到推广，企业布局和结构进一步优化，可持续发展能力增强。2013年全国国有粮食企业实现统算盈利82.3亿元，27个省份实现统算盈利。湖北、四川、新疆等省区建立粮食产业化发展基金扶持龙头企业，河南、山东、陕西、天津、安徽等省市将“主食厨房”列为省级政府的民生工程，湖南、贵州等省大力发展特色粮油产业，都取得较好成效。全社会粮油加工业总产值实现2.6万亿元，同比增长13%。

六、大力实施创新驱动和人才兴粮战略，不断提升创新发展能力和人才队伍素质

粮食公益性行业科研专项首次启动，中央财政首批安排专项资金2.16亿元，2013年已下拨9218万元。粮食科研院所围绕产业发展需求开展创新研究和技术服务，国家粮食局科研院成功研发利用真菌毒素生物高效降解技术和机械物理削减技术处理受污染的小麦、玉米，减少粮食损失，为污染粮食的安全利用开辟了新途径。低温和气调储粮仓容增加到6900万吨，绿色储粮水平进一步提高。大力推进粮食行业“百千万”创新人才工程，继续举办行业高层次技术人才研修班和组织职业技能竞赛，启动实施了粮食院校与百强企业联手培养人才行动计划。

七、扎实开展党的群众路线教育实践活动，有力促进行风政风的转变和服务群众能力的提高

根据党中央统一部署，省级以上粮食部门深入开展党的群众路线教育实践活动，聚焦“四风”，边查边改，立说立行，为民务实清廉作风得到弘扬，行风政风进一步好转。紧紧围绕群众反映强烈的突出问题，加强监督检查、行政执法和库存检查，认真解决“卖粮难”问题，严肃查处“打白条”“转圈粮”“顶包油”等行为，切实维护农民利益和市场秩序。开展粮食行业安全生产“百日行动”，全行业安全事故比上年下降36%。及时核查处置重金属、真菌毒素超标粮食，严防流入口粮市场，没有发生大的粮食质量安全事故，有效维护了人民群众“舌尖上的安全”。

第一部分

粮食生产

一 2013年粮食作物生产情况

2013年，党中央、国务院着眼全局，出台了一系列强农惠农富农政策，各级农业部门坚决贯彻中央决策部署，紧紧围绕“千方百计确保国家粮食安全”的目标，凝心聚力，攻坚克难，全年粮食产量达到60193.8万吨，比2012年增加1235.9万吨，首次突破60000万吨大关，实现新中国成立以来首次“十连增”。全年粮食面积11195.6万公顷，比上年增加75.1万公顷。全年粮食单产每公顷5377公斤，比上年提高75公斤。10年里，粮食产量累计增加17124.4万吨，单产每公顷提高1044.1公斤，是新中国成立以来粮食总产增加最多、单产提高最快的时期。粮食稳定增产，为保障国家粮食安全，保持经济平稳较快发展发挥了重要作用。

(一)粮食面积稳定增加

2013年粮食播种面积11195.6万公顷，比上年增加75.1万公顷，增幅0.7%，是新中国成立以来第一次连续十年增加。

(二)粮食单产提高

2013年粮食平均单产每公顷5377公斤，比上年提高75公斤，增幅1.4%。

(三)粮食总产连续第十年增产

2013年粮食总产60193.8万吨，比上年增产1235.9万吨，增幅2.1%，实现新中国成立以来第一次连续十年增产。

(四)三季粮食季季增产

夏粮增产：2013年夏粮播种面积2758.9万公顷，比上年减少0.1万公顷，持平略减；总产13184.8万吨，比上年增产191.1万吨，增幅1.5%；单产每公顷4779公斤，比上年提高69公斤，增幅1.5%。

早稻增产：2013年早稻播种面积580.4万公顷，比上年增加4.0万公顷，增幅0.7%；总产3413.5万吨，比上年增产84.4万吨，增幅2.5%；单产每公顷5881公斤，比上年提高106公斤，增幅1.8%。

秋粮增产：2013年秋粮播种面积7856.3万公顷，比上年增加71.2万公顷，增幅0.9%；总产43595.5万吨，比上年增产960.4万吨，增幅2.3%；单产每公顷5549公斤，比上年提高73公斤，增幅1.3%。

(五)主要粮食品种“两增两减”

稻谷减产：2013年稻谷播种面积3031.2万公顷，比上年增加17.5万公顷，增幅0.6%；总产20361.2万吨，比上年减产62.4万吨，减幅0.3%；单产每公顷6717公斤，比上年降低60公斤，减幅0.9%。

小麦增产：2013年小麦播种面积2411.7万公顷，比上年减少15.1万公顷，减幅0.6%；总产12192.6万吨，比上年增产90.3万吨，增幅0.7%；单产每公顷5056公斤，比上年提高69公斤，增幅1.4%。

玉米增产：2013年玉米播种面积3631.8万公顷，比上年增加128.9万公顷，增幅3.5%；总产21848.9万吨，比上年增产1287.5万吨，增幅5.9%；单产每公顷6016公斤，比上年提高146公斤，增幅2.4%。

大豆减产：2013年大豆播种面积679.1万公顷，比上年减少38.1万公顷，减幅5.6%；总产1195.1万吨，比上年减产109.9万吨，减幅9.2%；单产每公顷1760公斤，比上年降低60公斤，减幅3.4%。

二　2013年国家扶持粮食发展政策

2013年，国家继续高度重视粮食工作，落实和完善各项支农惠农政策，加大粮食生产扶持力度，加强产能建设，增加生产补贴，完善价格调控，调动农民种粮积极性，促进粮食稳产增产。在各方共同努力下，2013年粮食产量突破6亿吨，再创历史新高，实现了粮食生产“十连增”，为实现中共十八大后的经济社会良好开局提供了有力支撑。

(一)生产补贴政策

中央财政继续实施各项农业补贴政策，全年安排“四项补贴”资金1672亿元，比上年增加4亿元。其中，粮食直补资金151亿元，农资综合补贴1078亿元，农作物良种补贴226亿元，农机购置补贴217亿元。安排产粮（油）大县奖励资金318亿元，比上年增加42亿元。

(二)投入支持政策

1.粮食产能建设

国家发展改革委安排全国新增1000亿斤粮食能力规划田间工程、大型灌区续建配套和节水改造、新建灌区、大型灌排泵站改造、旱作农业、种子工程、植保工程等粮食生产能力建设中央投资175亿元。其中，新增千亿斤粮规划田间工程中央投资70亿元，在800个产粮大县建设高产稳产粮田1625万亩；粮食科技支撑能力建设投资0.82亿元，区域性良种繁育基地投资1.7亿元，大型灌区续建配套和节水改造、新建灌区和大型灌排泵站改造工程投资92亿元；种子工程、植保工程等项目投资6亿元。

2.流通设施建设

国家发展改革委安排中央投资31.3亿元，用于粮油仓储设施、粮食现代物流和农产品批发市场等项目建设，累计建成粮食收储仓容440万吨，改造农户储粮设施171.4万户，建成一批农产品批发市场。此外，为解决秋粮收获上市“燃眉之急”，国家发展改革委在中央投资十分紧张的情况下，紧急安排6.6亿元资金建设简易罩棚仓容400万吨，缓解了部分主产区秋粮收购仓容不足的矛盾。同时，中央财政将仓库维修改造补助资金投入由往年的4亿元增加到10亿元，加快危仓老库维修改造。

(三)最低收购价和临时收储政策

为提高种粮收益，保护种粮农民利益，促进粮食生产发展，国家根据生产成本变化，稳步提高小麦、稻谷最低收购价格和玉米、油菜籽、大豆临时收储价格，2013年累计收购政策性粮油8498万吨。

1.小麦最低收购价政策

2012年9月，经国务院批准，国家发展改革委公布了2013年小麦最低收购价，即白小麦（国标三等，下同）、红小麦和混合麦均为每公斤2.24元，比上年提高0.2元。2013年5月，国家发展改革委会同有关部门印发了执行预案，实施范围为河北、江苏、安徽、山东、河南、湖北6省，其他小麦产区是否实行最低收购价政策由省级人民政府自行决定。6月，针对江苏、安徽、河南、湖北等4省连续强降雨，小麦倒伏、生芽，不完善粒增多的情况，国家发展改革委按照“最大限度减少农民因灾损失、合理疏导市场购销、确保食品安全”的原则，将灾区最低收购价小麦的不完善粒标准由10%放宽到20%，明确不完善粒超过20%的小麦由本省人民政府实行专项收购，妥善解决不完善粒超标小麦收购问题，保护了农民的利益和种粮积极性。

2.稻谷最低收购价政策

2013年1月，经国务院批准，国家发展改革委公布了2013年稻谷最低收购价格水平，早稻、中晚籼稻、粳稻最低收购价分别提高到每公斤2.64元、2.7元和3.0元（国标三等，下同），比上年分别提高0.24元、0.2元、0.2元。7月，国家发展改革委会同有关部门印发了早籼稻最低收购价执行预案，实施范围为安徽、江西、湖北、湖南、广西5个早籼稻主产区。9月，印发了中晚稻最低收购价执行预案，实施范围为辽宁、吉林、黑龙江、江苏、安徽、江西、河南、湖北、湖南、广西、四川11省区。

3.粮油临时收储政策

针对部分粮油产品价格下行压力较大的情况，国家继续对玉米、大豆和油菜籽实行临时政策，并稳步提高临储价格，完善实施办法，实行敞开收购，稳定市场价格，解决农民卖粮难问题。一是玉米和大豆临时收储，2013年7月，国家公布了东北三省和内蒙古自治区玉米临时收储价格，即黑龙江2.22元/公斤，吉林2.24元/公斤，辽宁和内蒙古自治区2.26元/公斤，均比上年提高0.12元/公斤；大豆价格为4.6元/公斤，与上年持平。二是油菜籽临时收储，2013年5月，国家发展改革委公布油菜籽临时收储价格为每公斤5.1元（国标三等），比上年提高0.1元。执行区域为湖北、四川、安徽、江苏、湖南、河南、贵州、江西、青海、陕西、浙江、甘肃、重庆、内蒙古、云南、新疆和西藏等17个油菜籽产区。适用期限为，冬播油菜产区2013年6月1日至9月底，春播油菜产区2013年9月1日至2014年2月底。

(四)费用补贴政策

为减轻东北地区粳稻、玉米收储压力，

2013年，中央财政对到东北产区按不低于最低收购价或临时收储价采购粳稻、玉米，并符合条件的关内企业，按140元/吨的标准给予费用补贴。

三 2013年主要粮食品种生产成本分析

(一)2013年粮食生产成本收益变化情况

据全国价格主管部门成本调查机构的调查显示，2013年粮食与上年相比（下同）：单产下降，成本增加，价格上涨，收益减少。

1.单产下降

2013年我国粮食产区的主要气象特点是：南方部分产区前期持续高温干旱，后期强对流天气和台风较多；东北产区降水偏多。受此影响，全国粮食平均单产下降。三种粮食平均（稻谷、小麦、玉米，下同）每亩产量444.7公斤，比上年下降6.7公斤，降幅1.5%。其中，稻谷、小麦和玉米亩产分别为471.7公斤、374.3公斤和488.0公斤，分别下降7.1公斤、8.4公斤和4.5公斤，降幅分别为1.5%、2.2%和0.9%。从历史情况来看，2013年粮食生产仍是大丰收。亩产水平仅低于2012年的历史最高水平。

2.成本增加

2013年三种粮食平均每亩总成本和现金成本分别为1026.2元和473.8元，分别比上年增加89.8元和24.1元，增幅分别为9.6%和5.4%，增速比上年大幅放缓。主要成本项目变动情况：一是由于化肥价格整体平稳，每亩化肥费143.3元，与上年基本持平；二是由于机械化率持续提高和机械作业价格上涨，每亩机械作业费124.9元，比上年增加10.4元，增幅9.1%；三是由于种子价格上涨5.9%以及用量增加0.4%，每亩种子费55.4元，比上年增加3.3元，增幅6.4%；四是由于劳动力价格继续上涨，虽然每亩用工数量比上年减少4.0%，但每亩人工成本仍达429.7元，比上年增加57.8元，增幅15.5%；五是由于土地价格继续上涨，每亩土地成本181.4元，比上年增加15.2元，增幅9.1%。

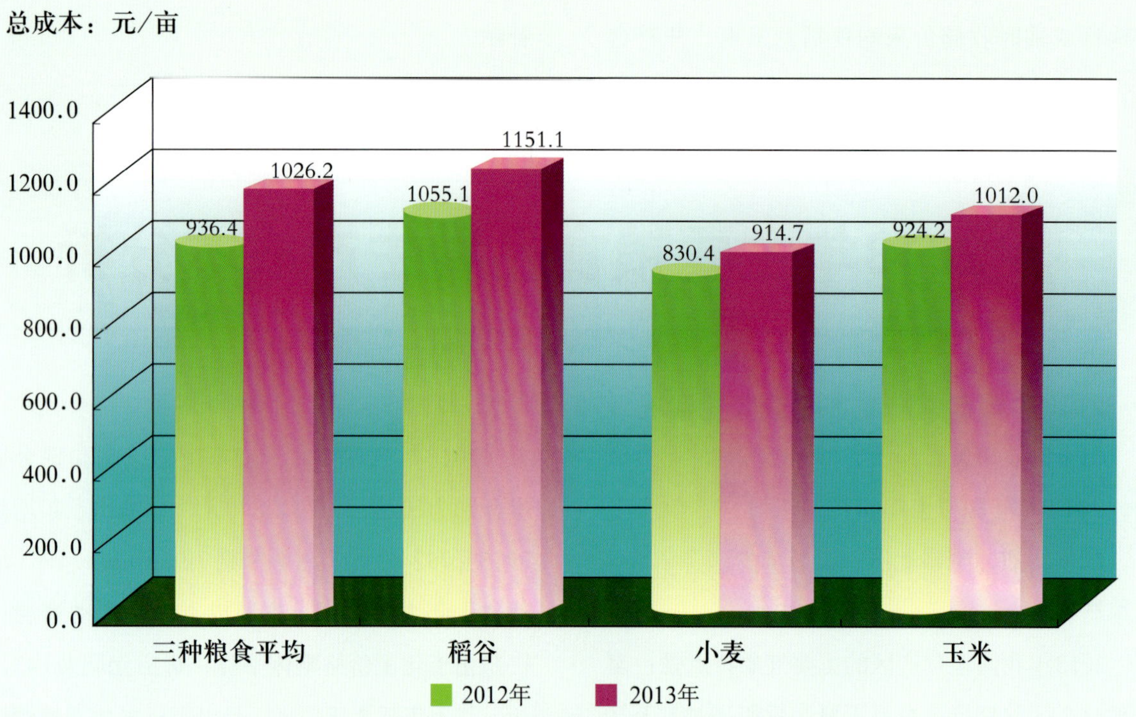

图1－1　2013年三种粮食每亩总成本变化图

3.价格上涨

主要受国家继续提高粮食最低收购价格和成本持续增加等因素的影响，2013年粮食价格连续第8年上涨。农民出售三种粮食全年平均价格为每50公斤121.1元，比上年上涨1.3元，涨幅1.1%。分品种来看：小麦117.8元，比上年上涨9.5元，涨幅8.8%；而稻谷和玉米分别为136.5元和108.8元，分别比上年下跌1.5元和2.3元，跌幅分别为1.1%和2.1%。

4.收益减少

2013年三种粮食平均每亩净利润72.9元，比上年减少95.5元，减幅56.7%；不考虑家庭用工和自营土地机会成本的每亩现金收益为625.3元，比上年减少29.8元，减幅4.5%。如果再加上国家对农业的补贴，每亩实际收益（现金收益加补贴收入）705.6元，比上年减少25.7元，降幅为3.5%。其中，小麦每亩实际收益538.9元，比上年增加5.3%；稻谷和玉米分别为826.2元和751.7元，分别比上年减少6.6%和5.8%。

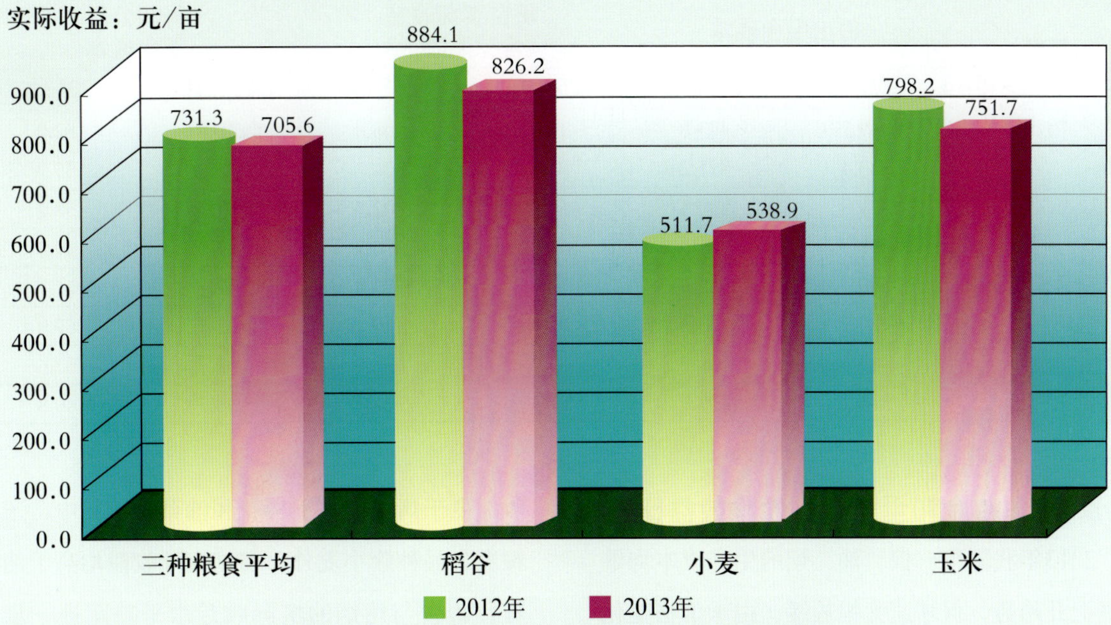

图1－2　2013年三种粮食每亩实际收益（现金收益加补贴收入）变化图

表1–1　2013年粮食成本收益比较表(一)

单位：元

品种	每亩总成本		每亩净利润		每50公斤总成本		每50公斤平均出售价格	
	2012年	2013年	2012年	2013年	2012年	2013年	2012年	2013年
三种粮食平均	936.4	1026.2	168.4	72.9	101.6	113.1	119.9	121.1
稻谷	1055.1	1151.1	285.7	154.8	108.7	120.3	138.1	136.5
早籼稻	965.7	1050.2	125.4	60.4	116.0	123.1	131.1	130.2
中籼稻	1043.1	1142.5	366.3	176.1	99.8	113.8	134.9	131.4
晚籼稻	988.7	1082.6	246.8	88.6	110.8	125.4	138.5	135.7
粳稻	1223.1	1329.2	404.2	294.1	109.7	120.2	146.0	146.8
小麦	830.4	914.7	21.3	−12.8	105.6	119.5	108.3	117.8
玉米	924.2	1012.0	197.7	77.5	91.6	101.1	111.1	108.8

表1-2 2013年粮食成本收益比较表(二)

单位：元

品种	每亩现金成本		每亩实际收益（含补贴收入）		每50公斤现金成本	
	2012年	2013年	2012年	2013年	2012年	2013年
三种粮食平均	449.7	473.8	731.3	705.6	48.8	52.2
稻谷	543.4	571.2	884.1	826.2	56.0	59.7
早籼稻	479.8	496.5	694.7	702.7	57.7	58.2
中籼稻	458.7	491.9	1037.5	918.7	43.9	49.0
晚籼稻	509.7	532.9	805.1	723.3	57.1	61.7
粳稻	725.1	763.3	999.2	960.2	65.1	69.0
小麦	414.6	441.3	511.7	538.9	52.7	57.6
玉米	391.1	408.9	798.2	751.7	38.7	40.8

(二)2013年粮食和主要经济作物效益比较

2013年我国粮、棉、油、烟的生产成本均继续呈上升趋势，但增速大幅放缓；由于价格变化幅度不同，粮食和棉花实际收益减少，油菜籽和烤烟实际收益增加。粮食相对棉花的比较效益与上年相同，相对油料和烤烟的比较效益下降。

从比较效益来看，2013年粮食和棉花的单产、成本和价格变动趋势均一致，幅度接近，粮棉（以棉花为1）实际收益比保持0.56不变；而油菜籽和烤烟价格的涨幅高于粮食，粮油（以油菜籽为1）和粮烟（以烤烟为1）实际收益比，由上年的1.54和0.32，分别下降到1.26和0.30。

从实际收益水平来看，2013年粮食亩均实际收益低于烤烟，高于棉花和油菜籽。其中，三种粮食各品种除小麦外，亩均实际收益均高于油菜籽；粮食与烤烟的实际收益水平差距进一步扩大。2013年每亩烤烟实际收益2369.4元，仍然高于每亩粮食全年实际收益（按一年两季粮食作物计算，北方地区一亩小麦和一亩玉米的实际收益合计为1290.6元，南方地区一亩早籼稻和一亩晚籼稻实际收益合计为1426.0元，平均每亩粮食实际收益为1358.3元），但收益差距由上年的912.1元扩大到1011.2元。每亩棉花实际收益1256.3元，与粮食的实际收益差距由上年的92.3元增加到102.0元。油菜籽每亩实际收益为558.2元，仅比小麦高19.2元。

四 2013年油料作物生产情况

2013年全国油料生产继续保持较好的发展势头，面积、总产、单产“三增”，特别是总产和单产再创历史新纪录，总产实现自2008年以来的“六连增”。油料生产持续稳定发展，增加了市场有效供应，对食用植物油供给安全发挥了重要作用。

据统计，2013年全国油料总产达3517.0万吨，比上年增产80.2万吨，增长2.3%，增产量和增长幅度均小于上年。2013年油料生产主要有以下特点：

(一)产量增加主要靠单产

2013年全国油料平均单产每公顷2508公斤，比上年提高41公斤，增幅1.7%，再创历史新纪录。因单产提高增产油料57.5万吨，占油料增量的71.7%。花生、油菜籽、芝麻、胡麻、向日葵5种油料作物单产均比上年增加，均创历史新纪录。其中，花生每公顷3663.3公斤，提高65.3公斤；油菜籽1922.8公斤，提高37.8公斤；芝麻1490公斤，提高27公斤；胡麻1274.6公斤，提高45.6公斤；向日葵2624.3公斤，提高10.3公斤。

(二)面积小幅增长是基础

在上年略增的情况下，2013年油料面积继续保持恢复性增加。全国油料面积1402.3万公顷，比上年增加9.3万公顷，增长0.7%。分作物看，油菜、向日葵面积有所扩大，花生、芝麻、胡麻面积稳中略减。其中，油菜面积为751.9万公顷，比上年增加8.8万公顷；向日葵92.3万公顷，增加3.5万公顷。其余3种作物共减少2.9万公顷，其中芝麻减少近1.9万公顷，花生、胡麻总体稳定。

(三)主要油料作物增产多

5种油料作物“四增一减”，即花生、油菜、向日葵、胡麻增产，芝麻减产。增产主要靠油菜、花生和向日葵。其中，油菜籽产量1445.8万吨，增产45.1万吨；花生产量1697.2万吨，增产28.1万吨；向日葵产量242.3万吨，增产10.1万吨。芝麻及小油料略有减产，其中芝麻产量62.3万吨，减产1.6万吨。

(四)主产省增产比例高

2013年全国油料产量达100万吨及以上的省由11个增加到12个，广东省油料产量首次突破百万吨大关，达到101万吨。12个省区中，除辽宁、安徽、山东3省减产外，河北、内蒙古、江苏、江西、河南、湖北、湖南、广东、四川9个省区增产，增减相抵百万吨大省区共增产油料72.9万吨，占增量的90.9%。增产最多的是河南省，增产19.6万吨，约占全国增量的1/4，产量达到589万吨，是全国产量最大的省。减产最多的是辽宁省，减产7.2万吨。

(五)食用植物油自给率有所下降

2013年油料增产80.2万吨，大豆减产109.9万吨，棉花减产53.7万吨，茶籽油、玉米油、米糠油等稳中略增，扣除食用部分，国产油料折油总量持平略减，由于消费继续增加，食用植物油自给率有所下降。

2013年油料生产持续增产的主要因素：一是气候条件总体有利。油菜生长前期尽管遭遇长时间低温阴雨，造成营养不足，但后期气温平稳，昼夜温差大，病害轻，有利于油菜灌浆成熟。千粒重和含油率比上年明显提高，含油率比受灾的2012年提高2个百分点左右。部分花生产区遭遇干旱灾害，但花生比较耐旱，没有造成大面积减产。西北地区雨水条件较好，有利于向日葵、胡麻等作物生长。二是油料高产栽培技术得到进一步普及推广。2013年国家继续实施粮油高产创建，共实施664个万亩示范片，其中油菜454个，花生200个，其他油料10个。同时开展油菜增产模式攻关。各地以项目为抓手，大力开展技术培训，召开各种技术现场会，组织技术观摩活动，在作物生长关键季节开展技术指导，推广普及油料高产栽培技术。三是国家加大政策支持和保护力度。在继续实施油菜、花生良种补贴和油料大县奖励政策的同时，国家将2013年夏收油菜籽临储价格由每公斤4.6元提高到5.1元，对稳定当年油菜秋冬种面积发挥了一定作用。一些油料主产区地方政府也出台政策支持油料生产。四是2013年油料播种期间，花生等油料市场价格继续保持高位运行。2013年上半年花生价格基本保持在每公斤7元左右，油菜籽市场价格也高于上年，稳定了农民的生产积极性。

五 全国新增1000亿斤粮食生产能力规划实施情况

2013年，各地区、各部门继续按照《全国新增1000亿斤粮食生产能力规划（2009－2020年）》（以下简称《规划》）的要求，完善扶持政策，加大投入力度，加强产能建设，强化科技支撑，落实建设任务，不断提高粮食综合生产能力，逐步构建粮食生产稳定发展的长效机制。

(一)加大投入力度

2010～2013年，国家发展改革委、财政部累计安排各类建设资金1430多亿元，用于800个产粮大县高产稳产粮田、水稻育秧大棚、大中型灌区、大型灌排泵站、农业气象保障工程等建设，累计建设高产稳产粮田1.45亿亩，新增和改善灌溉面积近1亿亩，粮食生产防灾减灾能力进一步增强。其中，2013年，国家发展改革委安排中央投资67.5亿元，用于800个产粮大县田间工程建设，建设高产稳产粮田1687万亩；安排中央投资92亿元，用于大型灌区续建配套和节水改造、新建灌区和大型灌排泵站改造工程建设。各地也结合自身实际，努力增加地方投入，加强粮食生产基础设施建设。

(二)改善粮食生产条件

在各地区、各有关部门的共同努力下，《规划》实施进展顺利，改善了粮食生产条件，提高了粮食综合生产能力。初步统计，800个产粮大县累计新打或修复机井近9万眼，铺设各类输水管道5万多公里，修建灌排渠道6.8万公里、排灌泵站3万多个、水稻育秧大棚12万栋，建成高产稳产粮田6000多万亩，新增和改善有效灌溉面积2000多万亩，形成了一批田成方、渠相连、旱能灌、涝能排的粮食生产基地，为粮食稳步增产奠定了坚实的基础。2013年，800个产粮大县粮食播种面积约9.8亿亩，比2009年增加2000多万亩；粮食产量4亿多吨，比2009年增加3500万吨以上，粮食平均亩产410多公斤，高出全国平均亩产50公斤以上，为粮食连年增产做出重要贡献。

（三）强化科技支撑

为提升粮食生产科技支撑能力，2013年，国家发展改革委安排中央预算内资金2.52亿元，启动了粮食科技支撑能力项目和区域性粮食作物良种繁育基地建设，围绕水稻、小麦、玉米三大主粮品种培育、栽培技术和农机装备科研创新，支持河南、福建等省农科院和西北农林科技大学等一批农业科研院校，改善实验室、试验田、良繁田等基础设施条件，添平补齐科研仪器设备，加快高产、优质、广适、抗逆、抗病新品种和配套栽培技术研究；支持吉林、山东等省建设17个区域性良繁育种基地，提升粮食作物种子质量，保障粮食生产用种需要。在各方面共同努力下，粮食生产的科技水平明显提升，2013年，全国粮食平均亩产达到358.5公斤，农业科技进步贡献率达到55.2%，耕种收综合机械化水平超过59%。

第二部分

粮食流通

一 2013年粮食流通情况分析

(一)2013年粮食收购明显增加

2013年粮食市场需求不旺，主产区农民卖粮变现面临较大困难。国家有关部门进一步完善相关政策，及时制定并公布收购预案，积极简化启动程序，督促各地合理布设收购网点，较好地满足了农民售粮需要。小麦、早稻和中晚稻最低收购价执行预案全部启动，在新疆继续实施国家临时存储小麦收购。东北三省和内蒙古自治区适时启动大豆、玉米临时收储，及时出台生霉粒超标玉米收储政策，进一步强化地方政府责任，加大监督检查力度，督促企业严格执行国家粮食收购政策，收购工作进展顺利，收购总量明显增加。2013年，各类粮食企业（包括国有粮食企业、非国有粮食企业和转化用粮企业）共收购粮食31016万吨（贸易粮，下同），与上年相比增加2001万吨。其中，收购小麦7619万吨，同比减少804万吨；大米7426万吨，同比增加1012万吨；玉米14839万吨，同比增加2139万吨；大豆741万吨，同比减少295万吨。

1.国有粮食企业收购粮食16862万吨，与上年相比增加4499万吨

分品种看：小麦收购3999万吨，同比减少873万吨；大米3979万吨，同比增加1405万吨；玉米8473万吨，同比增加4212万吨；大豆317万吨，同比减少247万吨。受进口低价大米冲击、大米含镉超标、东北地区玉米生霉粒超标，以及市场需求不旺等因素影响，国内稻谷和玉米市场价格低迷，农民售粮积极，国有企业稻谷和玉米收购增加较多。小麦由于产需偏紧，价格稳步走高，大豆因产量继续减少，国有企业收购量相应减少。

2013年小麦、稻谷、玉米等国家政策性粮食收购7409万吨，同比增加4346万吨。

2.非国有粮食企业和转化用粮企业粮食收购量有所减少

2013年非国有粮食企业粮食收购9654万吨，比上年减少1100万吨。分品种看，稻谷、玉米和大豆与上年同期相比，收购量分别减少455万吨（稻谷折大米）、965万吨和18万吨，小麦增加349万吨。转化用粮企业粮食收购4500万吨，比上年减少1398万吨，其中小麦收购比上年减少230万吨，玉米减少1108万吨。

(二)粮食销售增加

2013年，国有粮食企业累计销售粮食19442万吨，比上年增加2613万吨。分品种看，小麦销售7624万吨，同比增加694万吨；大米3064万吨，同比增加93万吨；玉米6180万吨，同比增加1632万吨；大豆2418万吨，同比增加230万吨。为保供稳价，国家有关部门根据市场情况和调控需要，适时适量安排政策性粮食投放市场，全年政策性粮食销售有所增加。2013年国家政策性粮食销售出库3277万吨，同比增加2045万吨，其中小麦2881万吨。

(三)粮食库存持续升高

由于粮食生产连获丰收，市场低迷，需求不旺，为切实保护种粮农民利益，国家加大了托市收购力度，政策性粮食库存增幅较大，国有企业库存持续升高，但其他多元主体库存减少，社会粮食库存总量增加。分性质看，国家临时存储和最低收购价粮食库存大幅增加，商品周转库存、中央和地方储备库存微升；分品种看，稻谷和玉米库存比例有所提高。从库存区域分布看，主产区库存比例上升，主销区和产销平衡区库存比例下降。受市场低迷影响，非国有粮食企业入市谨慎，自营粮食库存减少；转化用粮企业粮食库存基本持平。

二 2014年粮油流通形势预测

(一)粮食产需基本平衡，食用植物油产需缺口仍然较大

中央确立了“以我为主、立足国内、确保产能、适度进口、科技支撑”的国家粮食安全战略，并提出抓好粮食安全保障能力建设、加强农业基础设施建设、加快农业科技进步等一系列促进粮食生产、保障农产品有效供给的战略方针，粮食生产将继续保持良好的发展势头。如果2014年粮食主产区不发生较严重的自然灾害，预计粮食产量将保持基本稳定。国内粮食消费继续平稳增长，粮食产需总量保持基本平衡。从消费结构看，城乡居民口粮消费稳中有升，饲料用粮和工业用粮小幅增加，但增幅有所放缓，种子用粮基本稳定。预计2014年食用植物油消费将平稳增长，产需仍存在较大缺口，食用植物油和油料进口量仍将保持较高水平。

(二)粮食商品率不断提高，粮食收购数量继续增加

当前我国粮食生产正朝着集约化、专业化、组织化、社会化相结合的现代农业经营方向发展，粮食生产将进一步向主产区集中。同时，由于粮食连年增产和农民饮食消费习惯改变，预计2014年粮食商品率将有所提高，粮食收购数量将继续保持较高水平。

(三)粮食市场价格高位运行，但总体趋于稳定

2014年市场粮价将在较高价位上保持基本稳定。主要原因：一是近几年物价水平总体上涨，能源价格、生产资料价格以及劳动力价格上涨推高了粮食生产成本；二是2014年国家继续提高小麦、稻谷最低收购价格水平，对市场价格将形成有力支撑；三是国内粮食生产连年丰收，粮食库存充裕，国家适时适量安排政策性粮食公开竞价销售，市场供应充足，粮食价格上涨空间不大。分品种看，预计小麦市场价格将保持稳中趋涨的走势；玉米有望在前期低迷的基础上出现一波上涨行情，但由于阶段性供过于求，价格总体趋于

稳定；稻谷由于受进口低价大米和镉大米影响，市场价格相对低迷；国内大豆和食用植物油自给率低，受国际市场影响较大，食用植物油和大豆价格将随国际市场价格变化而波动。

三 2013年粮油进出口贸易形势分析

(一)粮食

2013年，全球粮食增产，库存充裕，国际市场粮价总体低位运行。据联合国粮农组织统计，2013年全球谷物产量达25.2亿吨，比2012年增加2.11亿吨，创历史新高。我国粮食连续十年增产，供给充裕，在最低收购价和临时收储政策支持下，国内粮食市场基本稳定，粮食价格总体高于国际市场。受此影响，2013年我国粮食进口增加、出口减少。

1.粮食进口增加

据海关统计，2013年我国进口粮食8645.2万吨（包括谷物、豆类及薯类），比2012年增加620.6万吨。

(1)大豆。由于国内豆粕需求较旺，企业压榨进口大豆的盈利状况总体较好，全年大豆进口6337.5万吨，增加近500万吨，占粮食进口增加量的80%。其中巴西、美国大豆分别占我国进口大豆的50%和35%。

(2)小麦。2013年国产优质小麦供应偏紧，企业通过增加进口满足加工需要，使进口量达到553.5万吨，增加183.4万吨，达到我国小麦进口关税配额数量的57%。其中从美国、加拿大和澳大利亚分别进口382.0万吨、86.7万吨和61.1万吨，分别占我国进口小麦的69.0%、15.7%和11.0%。

(3)玉米。受国内消费不旺和美国玉米因检出未经我国安全审批转基因成分而进口受阻等影响，2013年我国玉米进口326.6万吨，减少194.2万吨，但仍处于历史较高水平，达到我国玉米进口关税配额数量的45%。其中美国玉米仍占我国进口玉米90%以上，但2012年与阿根廷、乌克兰签订输华玉米检疫协定后，我国玉米进口渠道进一步多元化，2013年从美国以外的国家进口玉米增长较快。

(4)大米。2013年我国进口大米227.1万吨，比2012年减少9.8万吨，但仍远高于我国2012年以前的年进口量，达到我国大米进口关税配额数量的43%。我国进口的基本上都是东南亚地区籼米，越南、巴基斯坦和泰国分别占我国进口大米的65%、18%和14%。

另外，值得关注的是，2013年玉米酒糟粕（DDGS）及替代玉米用作饲料的高粱等进口大幅增加。全年进口玉米酒糟粕400万吨、高粱108万吨，分别增加162万吨、99万吨，增幅高达68.1%和11倍。

2.粮食出口连续第6年下降

2013年我国出口粮食243.1万吨，比2012

年减少33.5万吨，处于1997年以来最低水平。具体来说，出口大米47.8万吨，增加19.9万吨，其中68%向韩国出口；小麦27.8万吨，与上年大致持平，销往朝鲜、中国香港的分别占56%、38%；玉米7.8万吨，减少17.9万吨，绝大部分出口到朝鲜。

(二)食用油

2013年世界油料增产，油脂供应充足，价格总体低于2012年。由于国内政策性收储及消费需求增加等因素，2013年我国食用油进口809.8万吨，虽比2012年的历史最高水平减少35.3万吨，但仍保持在800万吨以上。其中，豆油115.8万吨、棕榈油487.4万吨，分别减少66.8万吨、35.6万吨。近年国家临时收储大量油菜籽后，企业逐步转向从国际市场采购低价菜籽油和油菜籽用于加工生产。2013年，我国进口菜籽油152.6万吨、油菜籽366.2万吨，分别增加35.1万吨、73.2万吨，均连续两年创历史新高。

我国食用油出口较少。2013年出口11.5万吨，比2012年减少1.5万吨，主要是出口到朝鲜、日本，分别占出口总量的50%、21%。分品种看，豆油出口9万吨，增加2.5万吨，占出口总量的78%。

四　2013年粮食价格运行情况

2013年，国内市场粮食价格总体平稳上升，涨势明显放缓；国际市场粮食价格总体震荡下跌。预计2014年国内市场粮食价格总体稳中有升，国际市场粮价低位波动。

(一)2013年粮食价格运行情况

1.国内市场原粮收购价格小幅上升，成品粮零售价格稳中有升

(1)原粮收购价格小幅上升，不同品种走势分化明显。全年稻谷、小麦、玉米三种粮食平均收购价格为每50公斤121.6元，比上年上涨2.8%，其中稻谷收购价格稳中有降，小麦价格先稳后升再稳，玉米价格先降后升再降，与上年相比，稻谷、玉米分别下降0.4%、3.4%，小麦上涨13.3%。

稻谷收购价格总体小幅下降。2013年稻谷产量虽比上年略降0.5%，但产需基本平衡，由于上年增产结转库存较多，东南亚低价大米进口增加，市场供应充足，加之“镉大米”事件影响，稻谷尤其是南方籼稻市场持续低迷，粳稻总体平稳偏弱。新产稻谷上市后，多数产区市场价格低于最低收购价，稻谷最低收购价执行预案全面启动。全年平均稻谷收购价格为每50公斤136.4元，比上年下降0.4%，其中粳稻、中晚籼稻、早籼稻收购价格分别为145.6元、133.3元、130.3元，与上年相比，粳

稻、早籼稻分别上涨1.2%、0.4%，中晚籼稻下降2.9%。

小麦收购价格呈先稳后升再稳走势。1～5月，小麦价格基本平稳；6～9月，夏收小麦上市后价格总体经历了低开后快速上涨的过程，其中优质麦市场活跃，价格持续走高；10～12月，国家加大了储备粮源的投放力度，小麦价格基本平稳。全年平均小麦收购价格为每50公斤122元，比上年上涨13.3%。

玉米收购价格呈先降后升再降走势。1～2月，东北地区进入售粮高峰期，加之深加工和饲料需求较为低迷，玉米收购价持续下降；3～4月，国家加大了临时收储力度，价格止跌趋稳并有所回升；5～9月，玉米市场流通量减少，价格小幅上升；10～12月，主产区玉米丰收上市，市场供应量增加，价格小幅回落。全年平均玉米收购价格为每50公斤106.3元，同比下降3.4%。

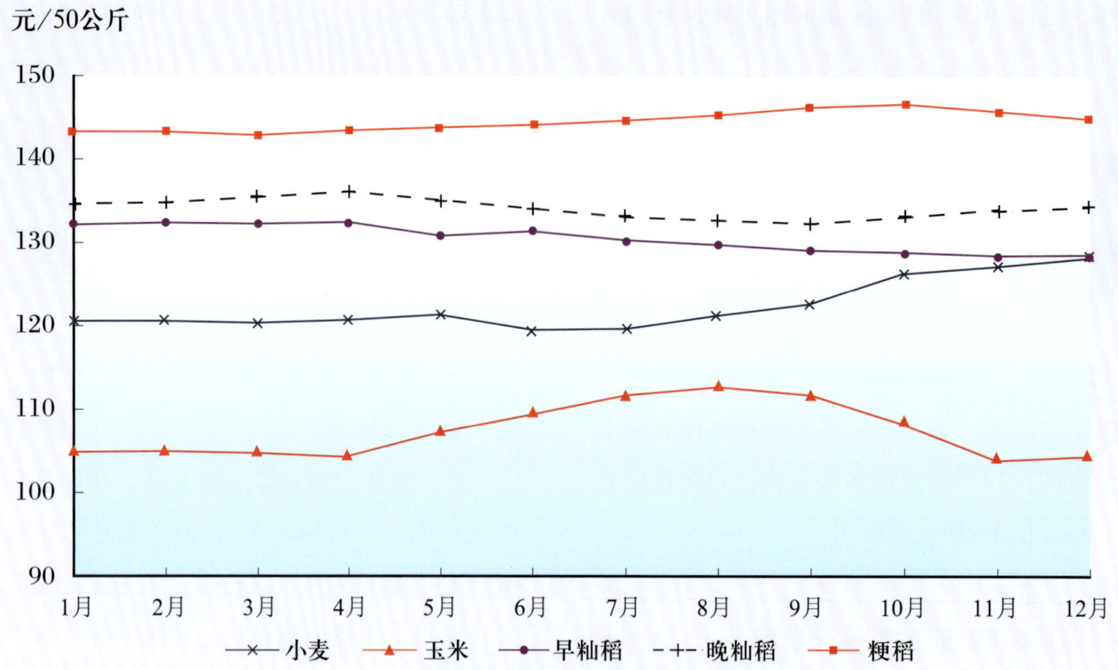

图2–1　2013年国内市场粮食收购价格走势图

(2)成品粮零售价格稳中有升。2013年东南亚低价大米对国内价格形成一定抑制作用，大米价格总体基本稳定，全年平均价格略高于上年；受小麦价格上涨推动影响，面粉价格小幅上升。全年平均来看，36个大中城市晚籼米、粳米、标准粉和富强粉零售价格分别为每公斤4.94元、5.44元、4.32元和4.94元，同比分别上涨1.9%、2.5%、7.6%和6%。

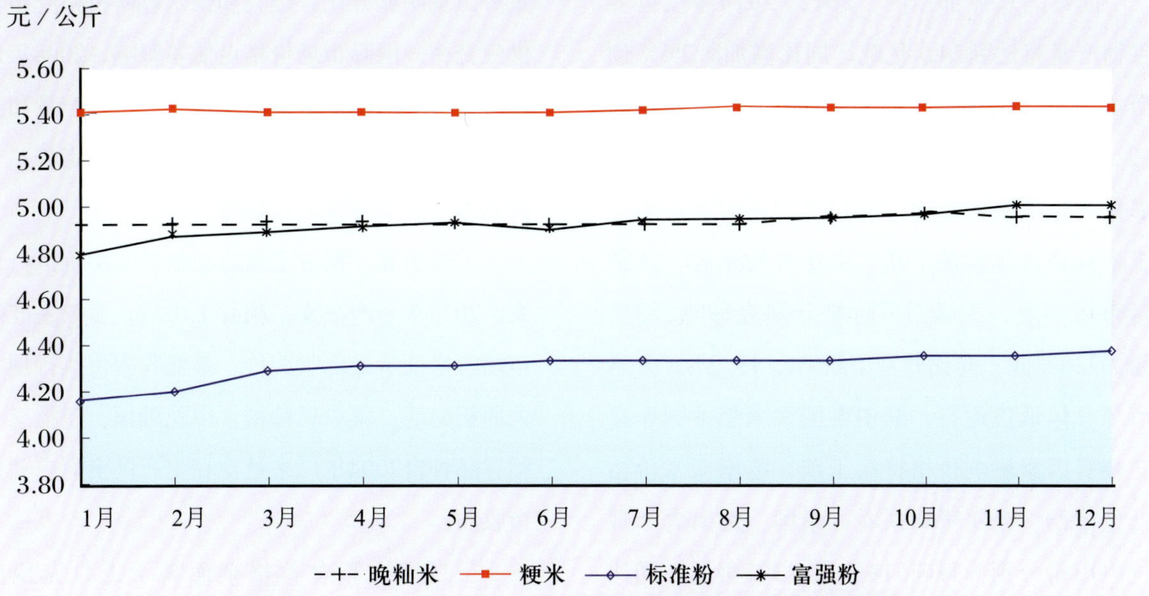

图2-2 2013年国内市场成品粮零售价格走势图

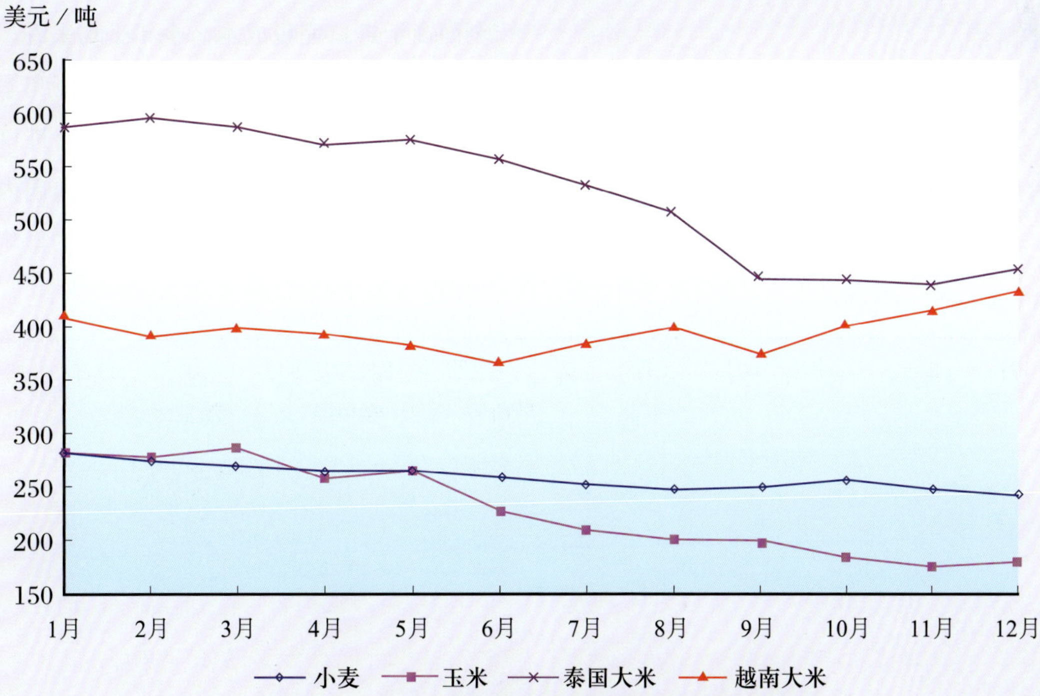

图2-3 2013年国际市场粮食价格走势图

2.国际市场粮价总体震荡下跌

据美国农业部预测，2013/2014年度世界谷物产量将达到24.4亿吨，同比增加8.2%，创历史新高，其中玉米产量9.6亿吨，同比增加12.5%。受主产国谷物大幅度增产、全球粮食库存高企等因素影响，2013年国际市场小麦、玉米价格持续震荡下跌。全年平均来看，芝加哥市场小麦、玉米期货价格分别为每吨253美元、220美元，同比分别下跌9%、19.2%。大米市场总体低位运行，其中泰国大米受本国库存充裕等因素影响价格持续下跌，越南大米价格低位徘徊。全年平均来看，泰国、越南大米现货FOB价分别为每吨514美元、391美元，同比分别下降9.6%、9.7%。

(二)2013年国内市场粮食价格运行的主要特点

2013年，国内粮食价格走势呈现以下特点：

一是价格涨势进一步放缓，不同品种走势分化明显。2012年粮食平均收购价格涨幅为6.3%，比2011年缩小6.2个百分点；2013年粮食价格上涨2.8%，涨幅又比上年缩小3.5个百分点。往年各粮食品种价格普遍平稳上升，2013年走势出现明显分化：稻谷和玉米收购价格受市场供应充裕、国际市场价格走低等影响，2008年以来首次下降；小麦价格由于部分主产区产量和品质下降、市场流通粮源总体偏紧，全年走势“一枝独秀”，呈持续上升态势。

二是小麦、稻谷全面启动最低收购价执行预案。2013年新产小麦、稻谷上市后，多数主产区市场价格低于最低收购价，最低收购价执行预案大面积启动。其中早籼稻、中晚籼稻、粳稻三个稻谷品种自2004年以来首次在主产区全面启动托市收购。

三是国内粮食价格全面高于进口完税成本。从2010年起，我国粮食价格已全面高于国际市场离岸价格。2013年下半年以来，随着国际市场粮食价格持续下跌，国内粮食价格全面高于进口完税成本。全年平均来看，国内小麦、玉米、晚籼米价格比国际市场离岸价格分别高55%、66%、67%，比配额内进口完税后成本分别高8%、12%、24%。随着国内外市场价差拉大，国内粮食市场受国际的影响不断加剧。

第三部分

粮食供求

一 2013年粮食供求情况分析

在中央一系列强农惠农富农政策的有力推动下，我国粮食生产实现“十连增”。

2013年，我国粮食总产量60194万吨，比上年增加1236万吨。初步估计，全年粮食消费总量在6亿吨左右，同比基本持平。总体看，当年粮食产需总量保持基本平衡，其中小麦略微偏紧，稻谷总量略有盈余，玉米阶段性供过于求，大豆和食用植物油产需缺口较大，主要依靠进口弥补。据海关统计，全年进口小麦、大米、玉米、大豆、食用植物油分别为554万吨、227万吨、327万吨、6338万吨、810万吨，小麦、大豆同比分别增加182万吨、499万吨，大米、玉米、食用植物油分别减少10万吨、194万吨、35万吨。

(一)2013年小麦供求情况

1.小麦供给和需求状况

2013年,我国小麦产量较上年小幅增加，进口量增加较多，需求较上年下降。

(1)产量小幅增加，进口量大幅增加。2013年，我国小麦产量达到12192.6万吨，较上年增加90.3万吨，增幅0.7%。进口553.5万吨，较上年增加183.4万吨，增幅49.6%。2013年我国进口的美国小麦到港完税均价为2414元/吨，较国产小麦到广东港口价格低200～300元/吨。

(2)制粉需求平稳略增，饲用需求下降明显。2013年，我国小麦国内总需求量为12920万吨，较上年减少560万吨，减幅4.2%。其中，制粉消费9970万吨，占国内总消费量的77.2%，较上年增加260万吨，增幅2.7%；饲料用消费1250万吨，占国内消费量的9.7%，较上年减少850万吨，减幅40.5%。玉米价格低于小麦价格200～300元/吨，小麦替代成本优势消失是小麦饲用消费量大幅减少的主要原因。

2.小麦市场价格走势及成因

2013年我国小麦价格涨幅小于上年。小麦开秤价格较高，由于政策应对及时，小麦市场价格涨幅受到限制。

(1)上半年价格高位回落。2013年初开始，国家加大托市小麦投放力度，1～5月，全国托市小麦成交量达到1813万吨，为2006年托市收购政策执行以来同期最大成交量。大量小麦投放市场，改变了供需偏紧的局面，小麦价格高位回落。5月底，河北、河南、山东等地小麦进厂价较1月初每吨下跌100元左右。

(2)6～9月价格上涨。6月新麦上市之后，河南、江苏、安徽、湖北等省新小麦市场价格低于托市收购价，小麦最低收购价执行预案启动。2013年我国共收购托市小麦836万吨，其中河南74万吨、江苏361万吨、安徽304万吨、湖北96万吨。托市启动后新小麦价格快速上涨至最低收购价以上。进入8、9月面粉消费旺季后，小麦价格进一步上涨。9月底，河北、河南、山东等地小麦进厂价较6月初每吨上涨170元左右。

(3)10月以后价格开始走弱。有关部门加强了对市场的调控，托市小麦投放力度加大。6～12月，托市小麦成交量达到1653万吨，仅次于2007年同期。大量托市小麦进入市场，价格看涨预期受到打压，小麦价格偏弱运行。12月底，河北、河南、山东等地小麦进厂价较9月底每吨下跌40元左右。

(二)2013年稻谷供求情况

1.稻谷供给和需求状况

2013年，我国稻谷产量在九连增后首次出现小幅减产，大米进口继续保持高位，需求平稳略增，供需平衡略有盈余。

(1)稻谷产量小幅下降。2013年，我国稻谷产量为20361.2万吨，较2012年减少62.4万吨，减幅0.3%，是继2004年以来九连增之后首次出现产量下滑。7～8月长江中下游地区高温干旱天气导致籼稻减产，而东北粳稻仍然保持增产。

(2)大米进口维持高位。海关数据显示，2013年我国大米进口量为227.1万吨，比2012年略减9.8万吨。进口构成上，越南大米占全年进口总量的比例为66%，巴基斯坦大米占比为19%，泰国大米占比为13%。除了海关公布的进口量以外，还有不少越南、巴基斯坦大米通过边民互市和非常规贸易渠道进入我国。

进口维持高位的主要原因是国际大米价格大幅低于国内。越南5%破碎大米到达我国南方港口完税价约合3200元/吨，国内质量相近的早籼米批发价超过3800元/吨，价差超过600元/吨。

(3)稻谷食用消费增加，饲用消费减少。2013年，我国稻谷总消费为20229万吨，同比略增20万吨。其中食用消费17500万吨，较上年增长300万吨，增幅1.7%。食用消费增长主要来自人口增长。2013年稻谷饲用消费量为1278万吨，较上年减少248万吨，减幅为16.3%。主要原因一是稻谷价格高企，玉米价格优势明显；二是使用稻谷作为饲料主要以南方地区散养户为主，随着规模化养殖水平不断提高，稻谷饲用量减少。

2.稻谷市场价格走势及成因

2013年稻谷价格总体表现为前低后高，全年价格高点未突破2012年，价格低点基本与上年持平，波幅收窄。

(1)上半年籼稻价格明显回落，粳稻价格上涨。2013年3月湖南镉超标大米事件持续发酵，导致湘赣等地稻米滞销，价格持续走低。同时，低价大米进口继续增加，不仅对国内籼稻米价格产生较大影响，而且对国产籼米市场需求形成部分替代，国产籼米需求下降也反过来导致价格下滑，影响甚至波及粳稻米市场。由于粳稻市场供应减少，支撑粳米价格。如江西南昌地区6月底早籼稻收购价较年初每吨下降160元左右，中晚籼稻收购价较年初每吨下降70元左右；黑龙江佳木斯地区粳稻收购价较年初每吨上涨100元左右。

(2)下半年托市收购主导，稻谷价格上涨。7月，南方早籼稻上市，开秤价格低于年初国家发布的最低收购价，湖南、江西、湖北、安徽等主产区启动托市收购，早籼稻收购价上涨，并持续到收购结束。9～11月，中晚籼稻和粳稻相继上市，市场收购价格均低于最低收购价，东北和南方稻谷主产区全面启动托市收购。托市收购启动以后，中晚稻收购价向托市价回归，农户售粮积极，但加工和贸易企业收购意愿不强，挂牌价低于国家最低收购价。如江西南昌地区12月底早籼稻收购价较6月每吨上涨120元左右；中晚籼稻收购价每吨上涨150元左右；黑龙江佳木斯地区粳稻收购价较6月每吨上涨80元左右。

(三)2013年玉米供求情况

1.玉米供给和需求状况

2013年，我国玉米产量继续大幅增长，进口同比下降，国内玉米消费出现下滑，供需关系由偏紧转向宽松。

(1)产量大幅增加，进口量下降，供给充裕。2013年，玉米产量为21848.9万吨，较上年增加1287.5万吨，增幅6.3%，进口各种用途玉米326.6万吨，较上年减少194.2万吨，减幅37.3%。

(2)需求量和出口量双降。2013年国内玉米总消费量为18335万吨，较上年减少400万吨，减幅2.1%。其中饲料消费11250万吨，较上年减少50万吨，减幅0.4%；工业用消费量5200万吨，较上年减少500万吨，减幅8.8%。2013年，出口7.8万吨，较上年减少18.0万吨，减幅69.8%。

2.玉米市场价格走势及成因

2013年国内玉米市场供应充裕，需求疲软，价格压力较大。

(1)1～3月玉米价格回落。2012年11月中旬，国家在东北地区启动临时储备玉米托市收购，但由于12月之后该地区连续出现雨雪天气，玉米水分偏高，农户售粮受阻。春节过后，气温回升，该地区玉米霉变粒显著增加，同时人感染H7N9流感疫情等不利因素导致畜禽存栏大幅下降，玉米需求下滑，销区企业采购东北玉米积极性不高，价格普遍下跌。3月底，黑龙江、吉林一些地区加工企业挂牌收购价较1月初每吨下跌100元左右；大连港口二等烘干玉米平仓价较1月初每吨下跌60元左右；河北、山东一些地区加工企业二等玉米挂牌收购价较1月初每吨下跌60元和50元；广东港口东北产二等玉米成交价较1月初每吨下跌50元左右。

(2)4～6月价格回升。受东北玉米大量流入收储企业，贸易企业、用粮企业看涨心态增强，收购主体收购积极性增强的支撑，4月后国内玉米收购价格小幅上涨。6月底，黑龙江、吉林一些地区加工企业挂牌收购价较3月底每吨上涨60元和90元；大连港口二等烘干玉米平仓价较3月底每吨上涨20元；河北一些加工企业二等玉米收购价较3月底每吨下跌10元；山东一些加工企业二等玉米收购价较3月底每吨上涨10元；广东港口东北产二等玉米成交价较3月初每吨下跌10元。

(3)7～9月价格涨跌互现。由于需求疲软，4～6月贸易企业库存消化较为困难，部分地区玉米价格上涨，但涨幅难以弥补玉米存储的财务、仓储等成本。进入7月，用粮企业和贸易企业开始去库存，玉米价格普遍呈疲软态势。9月底，黑龙江部分地区加工企业挂牌收购价较6月底每吨上涨50元左右；吉林部分地区加工企业挂牌收购价较6月底每吨下跌30元左右；河北一些地区加工企业收购价与6月底持平；山东一些地区加工企业收购价较6月底每吨下跌100元；大连港口二等烘干玉米平仓价与6月底价格持平；广东港口东北产二等玉米成交价较6月初每吨上涨120元。

(4)10～12月价格季节性回落。10月，华北和东北新玉米上市量逐渐增加，新季玉米产量大幅提高，增产主要集中在东北、西北等地区，河南等地因干旱略有减产，且质量较上年有明显下降。玉米市场整体供给充足，玉米价格开始季节性回落。11月下旬，国家启动东北地区临时存储玉米托市收购，收购价格较上年度每吨提高120元，支撑东北产区玉米价格。但是华北地区玉米价格由供求决定，因农户售粮相对缓慢，年底之前玉米价格相对平稳。

2013年年底，黑龙江一些地区加工企业挂牌收购价较10月底每吨下跌170元左右，较上年年底下跌160元；吉林一些地区加工企业挂牌收购价较10月底每吨下跌70元，较上年年底下跌120元；大连港口二等烘干玉米平仓价较10月底每吨下跌70元，较上年年底下跌110元；河北一些地区加工企业收购价格较10月底每吨上涨20元，较上年年底上涨20元；山东一些地区加工企业收购价较10月底每吨上涨10元，较上年年底下跌90元；广东港口东北产二等烘干玉米成交价较10月底每吨下跌200元，较上年年底下跌120元。

(四)2013年大豆供求情况

1.大豆供给和需求状况

2013年我国大豆产量连续第3年减产，进口量刷新了历史纪录，弥补了国内大豆产量下降对供给的影响，全年大豆供给总体充足。但受大豆进口速度“先慢后快”的影响，2013年我国大豆市场呈现出“1～4月供给偏紧，5月之后逐步趋松”的格局。年底港口大豆库存达到680万吨水平，同比增加30万吨。

(1)国内减产，进口创历史纪录。2013年我国大豆产量1195.1万吨，同比减少109.9万吨，降幅为8.4%。产量下降的主要原因是大豆种植效益竞争优势较低，一些种植大豆的耕地改种玉米或其他作物。全年进口大豆6338万吨，同比增加500万吨，增幅8.6%，刷新历史纪录。受大豆进口量增加影响，2013年我国大豆新增供给总量为7533万吨，同比增加390万吨，增幅5.5%，达到历史新高。

(2)进口到货速度“先慢后快”，1～4月供给偏紧。2013年1～4月，我国进口大豆1547万吨，同比减少了14.8%，港口进口大豆库存由年初的650万吨下降至4月末的350万吨，供给偏紧，油厂开机率普遍较低，各地豆粕价格受到拉动。5月之后，进口大豆到货速度加快。5～12月累计进口大豆4791万吨，同比增加11.1%。港口进口大豆库存由4月末的350万吨回升至年末的680万吨。

(3)消费继续增加，出口减少。2013年国内养殖业继续向规模化发展，豆粕需求量增加，促进了大豆压榨量的提高。全年国内大豆榨油消费量达到6300万吨，同比增加100万吨，增幅1.6%。其中进口大豆榨油消费6100万吨，同比增加300万吨，增幅5.2%；国产大豆榨油消费200万吨，同比减少200万吨，降幅50%。国产大豆榨油消费下降的主要原因是价格高于进口大豆，榨油亏损较大，东北地区油厂开工率普遍处于较低水平。大豆食用及工业消费继续增长。全年我国大豆食用及工业消费量为1050万吨，同比增加50

万吨，增幅5.0%。受大豆种植意愿不足影响，2013年我国大豆种用消费下降，为48万吨，同比减少7万吨，降幅12.7%。2013年我国大豆出口21万吨，同比减少11万吨，减幅34.4%。全年大豆需求总量7419万吨，同比增加132万吨，增幅1.8%。

2.大豆市场价格走势及成因

2013年国内大豆价格总体走低，年末价格低于年初。全年国产大豆价格走势与进口大豆基本一致，但波动幅度及频率均低于进口大豆。国际及国内市场大豆供需、国家大豆托市收购政策以及全球经济环境，是影响国内大豆价格走势的三大主要因素。总体看，我国大豆价格走势可分为三个阶段。

1至7月底，价格总体呈下降走势。在这一阶段，南美大豆丰收，产量达到1.42亿吨，同比增加2930万吨。其中巴西大豆产量8200万吨，增加1550万吨；阿根廷产量4930万吨，增加920万吨；巴拉圭产量830万吨，增加426万吨。南美大豆的丰收增加了市场供给，对价格形成压制。7月底，黑龙江哈尔滨地区油厂大豆收购价格每吨4240元，比年初下降280元，降幅6.2%；青岛港进口大豆分销价每吨4000元，比年初下降500元，降幅11.1%；7月底订货的进口大豆完税成本每吨3900元，比年初下降600元，降幅13.3%。在这一阶段，国产大豆价格降幅及波动频率小于进口大豆，临储大豆收购对国产大豆价格起到稳定作用。

8月初至10月中旬，价格上涨。在这一阶段，美国大豆产区降雨较少，作物优良率持续下降。市场担心大豆产量较低，加上美国陈豆库存偏低，对价格形成拉动。10月中旬哈尔滨地区油厂大豆收购价格每吨4380元，比7月底上涨140元，涨幅3.3%；青岛港进口大豆分销价每吨4500元，比7月底上涨500元，涨幅12.5%；10月中旬订货的进口大豆完税成本每吨4210元，比7月底上涨310元，涨幅7.9%。

10月下旬至12月底，价格总体呈窄幅波动状态。这一阶段，美国大豆产量确定为8950万吨，同比增加约700万吨，比最初预测值低约280万吨。美国大豆增产，加上南美大豆预计产量上升，未来供给量的增加对价格形成压制。但美国大豆出口销售旺盛，截至12月底，当季出口销量达到4070万吨，同比增加970万吨，增幅31%，抵消了增产对市场的影响，支撑了美国市场价格。国内进口大豆到货速度较快，4季度累计进口大豆1762万吨，同比增加354万吨，增幅25%，导致国内价格走势弱于国际市场。12月底哈尔滨地区油厂大豆收购价每吨4280元，比10月中旬下降100元；青岛港进口大豆分销价每吨4100元，比10月中旬下降400元；12月底订货的进口大豆完税成本每吨4230元，比10月中旬上涨20元。

注：文中引用的2013年产量、需求及现货价格数据来自国家粮油信息中心，进口数据来自海关总署。

二 食用油脂油料供求情况

2013年我国油料产量连续第6年增加，再创历史最高纪录。当年我国食用油籽进口量增加，植物油进口量有所下降。2013年我国植物油消费需求继续增加，但增速有所放缓。由于大豆和油菜籽进口量和国内压榨量大幅增加，全年植物油供应保持充裕局面。2013年因国家继续对大豆和油菜籽实行临储收购，价格呈现小幅波动走势；受需求强劲和原料价格维持高位运行的影响，上半年蛋白粕价格震荡上涨，下半年维持高位运行；植物油价格呈现震荡下跌的走势，菜籽油价格跌幅最大，其次是豆油，棕榈油价格跌幅最小。

（一）油料总产量继续增加，油籽总产量出现下降

2013年我国油料（不包含棉籽和大豆）总产量达到3517万吨，比上年增长2.3%，连续第5年创历史最高纪录。其中，油菜籽产量估计为1440万吨，同比增长2.9%；花生产量估计为1700万吨，同比增长1.9%。

2013年我国大豆播种面积、单产连续第4年下降，当年大豆产量1195.1万吨，同比下降8.4%。由于棉花播种面积和产量下降，2013年棉籽随之减少，产量为1136万吨，同比下降7.7%。2013年我国油籽总产量（包含大豆和棉籽）为5867万吨，较上年下降105万吨，降幅1.8%。扣除种子、食用和出口，2013年国产油籽折油量在1170万吨左右（包括玉米油、米糠油等其他非油籽作物产油）。

（二）食用植物油进口量减少，进口油籽折油量增加

2013年我国进口食用植物油及进口油籽折油总量在2270万吨左右，较上年增加79万吨左右。其中，进口食用植物油数量减少，进口油籽折油数量增加。

2013年我国进口食用植物油809.8万吨，比上年减少35.3万吨，减幅4.2%。其中，进口棕榈油487.4万吨，比上年减少35.6万吨，减幅为6.8%；进口豆油115.8万吨，比上年减少66.8万吨，减幅高达36.6%；进口菜籽油152.7万吨，比上年增加35.1万吨，增幅为29.8%；进口其他食用植物油47.8万吨，比上年增加21.8万吨，增幅为83.8%，主要是葵花籽油进口量大幅增加。

2013年我国共进口食用油籽（含大豆和棉籽）6783.5万吨，比上年增长8.9%。进口油籽折油量在1348万吨左右，比上年增长9.5%。其中，进口大豆6337.5万吨，比上年增加499.1万吨，增幅为8.6%；进口油菜籽366.2万吨，比上年增加73.1万吨，增幅为25.0%；进口其他油籽79.8万吨，比上年减少16.9万吨，减幅为17.4%。

（三）食用油籽出口量下降，食用植物油出口量增加

2013年我国出口食用油籽（含大豆）87万吨，比上年降低13.5%。其中，出口大豆20.9万吨，比上年下降34.7%；出口花生9.9万吨，比上年下降3.9%。

2013年我国出口食用植物油11.5万吨，比上年增长15.0%。其中，出口豆油9万吨，比上年增长38.5%；出口菜籽油6209吨，比上年下降6.4%。

（四）油脂油料供应量继续增加

虽然2013年我国油料总产量再创历史最高纪录，但由于棉籽和大豆产量的下降，国内油籽总产量仍较上年出现下降，产不足需的局面继续存在，加上国内油料压榨能力不断增加和油粕消费需求持续增长，进而带动油脂油料进口量大幅增加，导致当年国内油脂油料供应量较上年大幅度提高。虽然当年国家收购了500万吨的临时存储油菜籽(折合菜籽油170多万吨)，但国内植物油市场供应依然保持充裕的局面。

（五）国内油脂油料价格走势及成因

2013年国内油脂油料价格走势分为三个阶段：

1月初至2月中旬，受国家托市收购大豆和上年全球大豆产量下降导致大豆进口量持续减少的影响，国内大豆价格保持坚挺，植物油价格维持高位震荡运行。沿海地区一级豆油价格在8700～9000元/吨之间震荡运行，24度棕榈油价格在6200～6500元/吨之间震荡运行，长江流域四级菜籽油价格在10200～10600元/吨之间震荡运行。

2月下旬至5月初，受南美大豆丰收和全球植物油产量大幅增加的影响，国际市场植物油价格下跌带动国内价格回落。5月初，沿海地区一级豆油价格下跌至7200～7300元/吨，24度棕榈油价格下跌至5400～5600元/吨，长江流域四级菜籽油价格下跌至9800～10200元/吨。

5月中旬至12月底，国内植物油价格走势出现分化，其中菜籽油价格持续下跌，豆油和棕榈油价格维持震荡运行。菜籽油价格大幅下跌的主要原因是油菜籽和菜籽油进口量大幅增加，加上国家有关部门严格禁止进口菜籽油进入临时储备，导致国内菜籽油供应过剩。长江流域四级菜籽油价格由5月中旬的9800～10200元/吨下跌至12月底的7400～7800元/吨，跌价高达2400元/吨。5月中旬至12月底沿海地区一级豆油价格在7000～7500元/吨之间震荡运行，24度棕榈油价格在5400～6200元/吨之间震荡运行。

（六）国家对油脂油料市场调控压力减弱

2013年第二、第三季度，国际市场大豆价格出现两轮上涨行情，拉动国内大豆和豆粕价格上涨，并维持高位运行。但由于全球植物油产量大幅增加，国际市场植物油价格一直呈现震荡下跌的行情，导致国内植物油价格不断下跌，使得国家对油脂油料市场的调控压力明显减弱。2013年国家出台的油脂油料市场主要调控政策有：

5月底，临时存储油菜籽收购政策出台，收购价格提高到5100元/吨，较上年提高100元/吨。由

中储粮总公司按照国家规定的价格委托企业收购油菜籽，并加工成临时存储菜籽油。当年国家下达临储油菜籽收购计划500万吨。

11月，国家决定继续在东北和内蒙古地区实行大豆临时收储政策，国标三等大豆临时收储价格为4600元/吨，与上年收购价格一致。由中储粮总公司委托收购库点按照国家规定价格敞开收购临时存储大豆。

三　杂粮供求情况

2013年，全国杂粮种植面积和平均单产、总产量均有增加，虽然部分杂粮价格稍有下降，但总体价格稳中有升，需求量和供给量同比都有较大增加，供求形势仍处于偏紧平衡状态。

(一)供给情况

2013年全国杂粮总供给量为5064.5万吨，占粮食总产量的8.41%，同比增加133.9万吨，增长2.72%。

1.种植面积及产量

2013年全国杂粮种植面积1521.7万公顷，同比增加59.9万公顷，增长4.08%。除红小豆、大麦、荞麦等几大品种种植面积稍有减少外，其余均有所增加，特别是马铃薯种植面积增加幅度较大。由于西南和广西利用冬闲田种植和内蒙古马铃薯种植面积的增加，全国马铃薯种植面积577.3万公顷，同比增加45.9万公顷，增长8.64%。其他杂粮的种植面积分别是高粱65.6万公顷，同比增加3.3万公顷，增长5.30%；谷子156.7万公顷，同比增加6.9万公顷，增长4.61%；燕麦6.9万公顷,同比增加0.2万公顷,增长2.99%；绿豆70.1万公顷，同比增加0.7万公顷，增长1.01%；红小豆15.1万公顷，同比减少0.4万公顷，下降2.76%；大麦48.3万公顷，同比减少0.5万公顷，下降1.02%；荞麦26.9万公顷，同比减少0.4万公顷，下降1.47%。其余品种像黑豆、芸豆、薏仁、糜子、苏子、黍子、籽粒苋、兵豆、豌豆、豇豆、蚕豆、甘薯等种植面积都变化不大。

部分杂粮主产区由于2013年春季温度低和干旱等原因，大部分杂粮品种单产有所下降，但因马铃薯的单产增幅较大，全国杂粮的平均单产还是稍有增加。2013年全国杂粮产量4760.3万吨，同比增加175.7万吨，增长3.83%。产量增加的品种主要有马铃薯、高粱、谷子、燕麦和绿豆等，其中马铃薯产量2001.2万吨，增加183.7万吨，增长10.11%；高粱产量261.7万吨，增加10.7万吨，增长4.26%；谷子产量182.9万吨，增加3.3万吨，增长1.84%；燕麦产量4.7万吨，增加0.1万吨，增长2.17%；绿豆产量87.1万吨，增加0.4万吨，增长0.57%。产量减少的品种主要有红小豆、大麦、荞麦等，其中红小豆产量22.5万吨，减少4.9万吨，下降17.88%；大麦产量153.1万吨，减少10.8万吨，下降6.63%；荞麦产量30.2万吨，减少1.1万吨，下降3.51%。另外，黑豆、芸豆、薏仁、糜子、豌豆、豇豆、蚕豆、甘薯等品种的产量有增有减，但变化不大。

2.进口

2013年杂粮进口数量回调，全年进口量为304.2万吨，同比减少41.8万吨，下降12.08%。杂粮进口第一大品种是大麦，全年进口233.5万吨，同比减少19.3万吨，下降7.63%；杂粮进口的第二大品种是豌豆，全年进口45.9万吨，同比减少21.1万吨，下降31.49%，连续两年下降。另外，燕麦、绿豆、马铃薯粉等均有下降，但变化量不大。

(二)需求情况

2013年全国杂粮总需求量为5071.9万吨，占粮食总产量的8.41%，同比增加141.3万吨，增长2.87%。

1.国内消费

2013年国内杂粮消费量继续增加，为4909.3万吨，同比增加131.8万吨，增长2.76%。从用途分类来看，工业用粮2661.3万吨，同比增加77.9万吨，增长3.02%，其中食品工业用粮1366.7万吨，同比增加73.4万吨，增长5.68%；直接食用1472.6万吨，增加218.1万吨，增长17.39%；饲料用粮206.3万吨，同比减少2.5万吨，下降1.20%；其他用粮569.1万吨，同比减少161.7万吨，下降22.13%。从品种分类来看，主要是薯类尤其是马铃薯消费增加，全年消费马铃薯1990.2万吨，增加210.2万吨，增长11.81%；甘薯消费1432.3万吨，减少25.9万吨，下降1.78%。谷物类消费有增有减，其中燕麦消费14.3万吨，增加1.4万吨，增长10.85%；荞麦消费28.9万吨，增加2.2万吨，增长8.24%；谷子消费183.1万吨，增加5.0万吨，增长2.81%；高粱消费262.5万吨，增加6.5万吨，增长2.54%；大麦消费396.1万吨，减少19.8万吨，下降4.76%；其他小品种谷物糜子等消费下降。豆类消费总量下降，其中绿豆消费89.1万吨，同比减少3.3万吨，下降5.57%；豌豆消费68.5万吨，减少0.6万吨，下降0.9%；红小豆和黑豆、芸豆、豇豆、蚕豆、兵豆等消费有增有减。

2.出口

杂粮是我国重要的出口创汇的农产品，占我国粮食出口创汇总额的20%以上，受国家商务部杂粮出口种植基地培育的影响，2013年我国杂粮出口到100多个国家和地区，出口产品有15大类30多个品种，出口总量为162.6万吨，同比增加9.5万吨，增长6.21%，创汇13.98亿美元，同比增加1.10亿美元，增长8.54%。出口品种主要集中在豆类上，第一大出口品种是芸豆，2013年出口78.4万吨，同比增加3.5万吨，增长4.67%，占到了全年杂粮出口总量的48%以上；第二大出口品种是绿豆，出口16.1万吨，同比增加2.7万吨，增长20.15%；第三大出口品种是红小豆，出口5.68万吨，同比增长1.06%。其余品种增减量不大。

(三)国内外杂粮市场走势

随着消费者对杂粮保健功能的认同，2013年国际杂粮市场总供给量和总消费量及价格均呈现稳中有升的态势。芸豆、绿豆、豌豆等杂豆类和谷子、大麦、荞麦等谷物类需求稳中有增；高粱、燕麦尤其是红小豆、黑豆价格上扬；马铃薯粉的需求也呈增长趋势。

总体上看，2013年国内杂粮市场处于偏紧平衡状态，除少部分杂粮价格有所下降外，总体价格呈恢复性温和增长。预计未来因杂粮保健功能的不断开发，杂粮需求和价格将进入一个温和增长的通道。

第四部分

粮食流通体制改革

一 深入推进粮食流通体制改革

2013年，各级粮食部门围绕粮食安全省长负责制的贯彻落实，进一步转变职能，完善体制，转变经济发展方式，深入推进粮食流通体制改革各项工作。

（一）贯彻中央精神，全面部署粮食流通体制改革工作

2013年初，国家粮食局召开全国粮食流通工作会议，认真贯彻落实中央关于粮食工作的方针政策。要求各级粮食部门切实把思想和行动统一到中共十八大精神上来，把智慧和力量凝聚到落实中央决策部署上来，认真学习贯彻李克强总理视察指导粮食流通工作的重要指示，全面贯彻落实中央经济工作会议、中央农村工作会议精神，按照稳中求进的总基调、扎实开局的总要求和“守住管好‘天下粮仓’，做好‘广积粮、积好粮、好积粮’三篇文章”的总部署，坚持以“守底线、保安全、惠民生、促发展”为目标，坚持以抓收购、保供给、稳粮价为中心，坚持以深化改革、强化创新为动力，推进粮食流通各项工作，切实保障粮食有效供给，维护国家粮食安全。强调要以全力保障“种粮卖得出、吃粮买得到”作为粮食流通工作的“底线目标”，绝不允许发生农民“卖粮难”，绝不允许出现粮食供应脱销断档。要在守住这一底线的基础上，力求更好更优。会上对《关于进一步完善和落实粮食安全省长负责制的意见（讨论稿）》征求了意见，对推动粮食安全省长负责制全面落实、深化产权改革促进企业做大做强、创新粮食经营体制机制等粮食流通体制改革工作进行了全面部署，提出了明确要求。会议对于全国粮食系统进一步统一思想认识，准确把握当前形势，坚定进取意识和自信心，增强忧患意识和紧迫感，积极推进粮食流通领域改革工作，具有重要意义。

（二）各地结合实际，积极推进粮食流通体制改革

各地粮食部门认真贯彻落实中央精神和全国粮食流通工作会议部署，围绕贯彻落实粮食安全省长负责制，因地制宜推进改革工作。山西省出台加强粮食生产能力建设、扩大粮食直补范围、增加粮食风险基金规模等多项措施，促进粮食生产和流通；省政府向各市政府颁发“粮食安全目标责任状”，省粮食局将年度粮食工作目标任务进行细化分解，向所属粮食企事业单位颁发粮食经营目标责任状和工作目标责任状，形成了较为完整的工作目标考评体系。浙江省制定粮食安全责任制考核办法，省政府与各市政府签订《粮食安全责任书》，考核内容包括粮食市场保供稳价、粮食生产、粮食生产能力、粮食储备落实和管理等四个方面，考核结果列为省管领导干部实绩分析评价的重要内容。广东省规定省政府在地

级以上市政府每届任期的中段和任期届满前，对之前的政府粮食安全责任工作进行两次考核，要求按照实事求是的原则采取有效措施落实粮食安全责任，建立和强化政府粮食安全问责制度和行政过错责任追究制度。云南省政府成立粮食行政首长负责制考核工作领导小组，每年年底以省委或省政府名义进行综合考评，制定并细化考核方案，形成粮食安全政府领导负责、相关部门齐抓共管、具体机构认真落实的长效机制。贵州省出台《关于进一步落实粮食行政首长负责制确保省内粮食安全的意见》，对落实粮食行政首长负责制、确保省内粮食安全提出目标要求和任务。宁夏回族自治区将“粮食安全”列入政府效能目标管理考核，考核内容包括粮食产量、粮食行政执法、粮食应急体系、应急成品粮储备、农户科学储粮等。这些地区的实践，为推进粮食安全省长负责制的完善和落实积累了经验，提供了借鉴。

围绕国有粮食企业改革，江苏、黑龙江、安徽、湖北、陕西等省结合自身实际，研究制定了深化地方国有粮食企业改革的措施和办法，从国有粮食企业改革的土地政策、企业布局调整和资源整合重组、完善法人治理结构等多个方面推动国有粮食企业改革。各地“一县一企、一企多点”的产权制度改革进程加快，国有粮食企业经营活力和市场影响力不断增强，经济效益明显提高。此外，辽宁、江苏、江西、浙江、广西等省（自治区）还分别在推进全省（区）现代粮食流通产业发展、国有粮食购销企业管理体制改革、种粮农民直接补贴挂钩等方面，开展了有益的实践，取得了良好效果。

（三）及时交流总结，着力解决改革过程中存在的问题

国家粮食局在年中召开全国粮食局长研讨会，对各地粮食部门学习贯彻李克强总理视察指导粮食工作时的重要讲话和贯彻落实全国粮食流通工作会议精神情况进行总结，对在落实粮食安全省长负责制、“粮安工程”建设等重点工作中取得的经验进行交流，对粮食流通工作存在的问题和困难进行梳理，并就如何抓好粮食安全责任的落实和“粮安工程”的启动实施，抓好粮食收购、产业优化升级、国有粮食企业改革和依法行政等粮食流通工作进行了深入研讨。基层粮食工作存在的问题主要有：一是粮食流通基础设施薄弱。地方粮食仓储设施老化落后，粮食物流通道不畅，应急加工供应网络不完善，粮食质量检验检测能力较弱，粮食产后损失浪费严重。二是基层国有粮食企业改革发展面临瓶颈制约。部分基层国有粮食企业改革滞后，企业“小、散、弱”问题突出，产业化程度低，科技含量不高，品牌影响力不大，对粮食生产、农民增收乃至地方经济发展的促进和带动作用不强。三是粮食机构队伍建设亟待加强。部分基层地区粮食部门职能弱化，职能关系没有理顺，人员编制和经费预算没有得到完全落实，影响了粮食行政监督检查和行业管理等行政管理职能的履行。四是粮食价格形成机制有待完善。自2013年8月以来，国内市场粮价普遍高于进口完税价格，依靠上调粮价促进农民增收空间有限，实现农民持续增收任务艰巨，需要统筹研究完善粮食调控、储备和补贴制度，更好地引导粮食生产并保障种

粮农民利益。

针对存在的问题，各级粮食部门共同努力，积极推进改革，加快行业发展。一是继续完善和落实粮食安全省长负责制。国家粮食局在积极准备争取国务院出台有关文件的同时，对各地在推进粮食安全行政首长负责制工作中出现的做法经验进行总结，督促指导各地粮食部门进一步完善和落实粮食安全行政首长负责制。二是大力启动实施“粮安工程”，重点安排粮食统计信息体系、放心粮油工程、军粮供应网点、粮食科研专项建设资金，加快粮食仓储、物流、质检、农户科学储粮项目建设和加工业技术改造升级，积极推广应用新技术、新工艺，减少粮食产后损失损耗。三是加快推动国有粮食企业产权制度改革，优化企业布局和结构，增强可持续发展能力，同时积极协调有关部门，出台财税金融政策，减轻承担政策性粮油储备任务的企业负担，提高粮食企业资产质量和信用等级，为粮食企业做大做强创造良好条件。四是完善最低收购价和临时收储政策。继续实行稻谷、小麦最低收购价格政策，对玉米、油菜籽、大豆实行临时收储措施，并适当提高价格水平，有效保护和调动农民种粮积极性。

2013年11月12日，中共十八届三中全会通过了《中共中央关于全面深化改革若干重大问题的决定》，国家粮食局党组立即召开专题会议认真学习贯彻中共十八届三中全会精神，强调要牢固树立“全面深化改革”的意识，在谋划和推进粮食改革的进程中，切实理顺和处理好四个方面的关系：一要处理好市场与政府的关系，使政府和市场各就其位、共显其能；二要处理好中央与地方的关系，在明确界定中央和地方政府责任的前提下，切实落实好粮食安全省长负责制；三要处理好国有企业与多元主体的关系，毫不动摇地继续支持国有粮食企业发挥好主渠道作用，毫不动摇地鼓励支持多元主体搞活粮食流通，共同维护国家粮食安全；四要处理好国内市场与国际市场的关系，科学合理地运用两个市场、两种资源，构建统一开放的粮食安全保障体系。

二 国有粮食企业改革和发展现状及对策

2013年，全国粮食部门按照“守住管好天下粮仓，做好‘广积粮、积好粮、好积粮’三篇文章”的总部署，国有粮食企业在改革中谋发展，通过发展促改革，在促进农民增收、服务粮食宏观调控、保障国家粮食安全中发挥了主导作用。

（一）国有粮食企业改革和发展现状

1.各地制订了国有粮食企业改革实施方案

(1)分类指导。国家粮食局于2013年4月召开全国粮食财会工作会议，5月召开部分中央和地方粮食企业座谈会议，对当年国有粮食企业改革发展工作进行部署。对于中央粮食企业，支持其与地方粮食企业采取多种方式合作，打破行政区划、所有制界限，实行强强联合，做大做强。对于地方国有粮食企业，要求各地粮食部门认真贯彻落实国家粮食局和中国农业发展银行联合印发的《关于进一步加强合作推进国有粮食企业改革发展的意见》（国粮财〔2012〕205号）精神，采取“一县一企、一企多点”的形式，加大企业产权制度改革力度，承接政策性粮食业务，确保粮食宏观调控的需要，做好做优。各地按照党中央、国务院关于粮食流通体制改革的总体部署，结合当地实际，制定了地方国有粮食企业改革发展实施方案，稳步推进。辽宁、江苏、浙江、安徽、湖北、广东等省以政府发文形式，出台了加快地方国有粮食企业改革和粮食流通产业发展的意见。

(2)典型推介。采用简报、网络、报纸等多种媒体形式，向各地粮食部门转发了江苏省政府办公厅关于深化地方国有粮食企业改革的意见，介绍了河北粮食集团开展粮食产业化经营、上海良友集团创新转型发展、安徽省争取政策支持推进国有粮食企业改革发展、四川省做优做强国有粮食企业、青海省加快放心粮油工程建设、宁夏区深化国有粮食企业改革推动现代粮食流通业发展的做法。

(3)加强联系。一是通过多种方式与各地粮食部门和基层国有粮食企业沟通，及时了解国有粮食企业改革发展动态信息。二是各地粮食部门和国有粮食企业互相实地考察，互相学习，取长补短，交流经验。三是对于国有粮食企业改革发展中的重点、难点问题开展专题研究，提出应对之策。按照国家发展改革委完善粮食流通体制及相关政策研究工作方案的要求，国家粮食局牵头赴天津、辽宁、江苏、安徽、河南、湖北等地开展专题调研，提出了加快国有粮食企业改革发展的政策措施建议。

2. 国有粮食企业实行布局和结构战略性调整

近几年来，在实施全国新增1000亿斤粮食能力规划（2009－2020年）过程中，各地粮食主产县（市）、主销县（市）发生了较大变化。国有粮食企业及其购销网点依据有进有退的原则，相应进行布局和结构调整。

(1)国有资本向承担保障国家粮食安全、粮食宏观调控等政策性粮食业务的国有粮食企业集中。部分省级储备粮管理公司划转上收一批辖区内基层国有粮食购销企业。多数县（市）通过兼并重组国有粮食购销企业，形成了一县一企、一企多点的模式。国有粮食购销企业基本采取国有独资或控股的形式。

(2)在不具备粮食比较优势的地区和领域，国有粮食企业主动退出。粮食主产省份，粮食购销业务量相对较小、山区、边远地区等基层国有粮食购销企业，实行了兼并和租赁。粮食主销省份，对不承担中央和地方储备粮业务，同时在粮食流通中没有竞争力的国有粮食购销企业，一部分退出了国有粮食企业行列。

经过近几年的调整（特别是2013年力度较大），截至2013年年底，全国国有粮食企业总数12255个，其中购销企业数9373个，同比分别减少2612个、975个，减幅17.6%、9.4%。

全国现有国有粮食企业改制总数8760个，其中购销企业改制数6784个，分别占企业总数的71.5%、72.4%。全国现有国有粮食企业改制比例，同比增加2.5%。

目前，全国有中央粮食企业4个，省级大中型粮食企业120个，市县级小型粮食企业11000多个。基本形成了全国国有粮食企业大、中、小型功能互补，结构相对合理。

3.积极减轻国有粮食企业包袱

(1)分流安置企业富余职工。一是各地多渠道筹集改革成本。按照粮食安全省长负责制的要求，地方政府从财政预算中安排专项资金，企业通过变现资产等方式自筹资金。二是落实职工各项社会保障政策，加大对职工转岗就业培训。各地粮食部门以人为本，引导职工转变就业观念，优化创业环境，降低创业成本，鼓励职工自主创业。企业全面推行全员劳动合同制度，从扩大就业数量向提升就业质量转变，提高就业相对稳定性。截至2013年年底，全国国有粮食企业职工总数445205人，其中购销企业职工数337413人。同比分别减少134636人、85986人，减幅23.2%、20.3%。同时，2013年全国国有粮食企业不在岗职工数82858人，同比减少116220人，减幅58.4%。主要是相当一部分不在岗职工已到退休年龄，办理了相关手续，这是职工人数大幅减少的一个重要因素。

(2)消化企业历史经营性粮食亏损。粮食部门主动与农发行协商，采取多种方式，2013年核销了部分全国国有粮食企业附营业务占用贷款和其他经营性亏损金额。

(3)出台了政策性粮食业务免税接续文件。由于政策性粮食业务免税文件于2012年年底到期，粮食部门主动协商财税部门，财政部、国家税务总局印发了《关于部分国家储备商品有关税收政策的通知》（财税〔2013〕59号）、《关于职业教育等营业税若干政策问题的通知》（财税〔2013〕62号）等。

4.国有粮食企业市场调控力和竞争力增强

国有粮食企业一方面认真执行国家粮食最低收购价政策和粮油临时收储政策，托市收购价格稳中有升，有效保护了种粮农民积极性。同时，承担粮食宏观调控任务，确保国内粮食市场基本稳定。另一方面定期与不定期研判国内外复杂多变粮食市场行情，主动参与市场竞争。2013年年度，全国国有粮食企业收购粮食量18606万吨，占全社会收购粮食总量34445万吨的54%，同比收购粮食量增加2584万吨，增幅8.1%。

5.国有粮食企业经济效益显著

国有粮食企业一是千方百计扩大粮食购销业务经营量，增加收入。二是落实各项经营管理目标考核制度，节约开支。开源与节流并重，取得了较好的业绩。截至2013年年底，全国国有粮食企业统算实现利润77.3亿元。

但是，受多种因素影响和制约，国有粮食企业在改革和发展中还存在一些亟待解决的问题：一是企业历史遗留问题没有彻底解决。目前，仍有一小部分政策性粮食财务挂账和未占用农发行贷款政策性粮食亏损没有剥离。企业经营性粮食财务挂账较多，负担较重。企业富余职工分流安置费用存在较大资金缺口，无力解决。二是企业竞争力相对不强。地方基层国有粮食企业多数呈现小、散、弱状态，地处偏远，资产质量差；经营方式单一，对政策性粮食业务依赖性强；市场风险承受力普遍较弱。大型企业大而不强，没有形成便捷有效的粮食购销新网络和完整的粮食产业链。三是企业经营环境急需改善。主要是基层国有粮食企业自主经营粮食贷款难。

(二)下一阶段国有粮食企业改革和发展的对策

根据国家粮食局“粮安工程”的要求，针对当前国有粮食企业改革和发展中存在的主要问题，对各类国有粮食企业的职能要重新准确定位，以产权制度改革为重点，实行分类指导。同时，加强企业经营管理，优化改革发展环境。

1.分类加大企业兼并重组力度

对于企业改革进展较慢的地区，主要推动县级国有粮食购销企业采取“一县一企”的形式，组建一个在当地具有较强竞争力的国有独资或控股粮食企业，对当地国有粮食企业实行兼并重组，促进国有资产、资源向优势企业集中，作为国家掌握粮源、宏观调控、保障当地粮食安全的坚强载体。对于企业改革进展较快的地区，已按“一县一企”要求组建的新国有粮食企业，要优化“一企多点”布局，完善粮食购销网络，建立现代企业经营管理机制。

对于大中型国有粮食企业，要求建立现代企业制度，支持其跨地区资产重组，实行粮食全产业链经营。对于社会粮食企业，指导国有粮食企业与其大力发展混合所有制企业，实现优势互补，共同发展。

2.强化国有粮食企业经营管理

国有粮食企业要加快转变经济发展方式，开展粮油连锁经营等新型粮食流通经营业务，扩大经营范围，延长粮食产业链，灵活自主经营。同时，企业要完善公司法人治理结构，加强内部管理。在人事制度上，要定岗定员，择优竞聘，实行全员劳动合同制。在收入分配制度上，要参照社会工资收入标准，实行激励约束制度，收入能高能低，与工作业绩等因素挂钩。

3.继续解决国有粮食企业历史遗留问题

各地要按照党中央、国务院粮食流通体制改革的总体部署，认真落实粮食安全省长负责制，在当地党委、政府的领导下，切实减轻国有粮食企业包袱。一是地方政府要继续多渠道筹集改革成本。采取从粮食风险基金中列支国有粮食购销企业分流职工补助、从地方财政预算中安排、企业自筹等多种方式筹措资金，落实各项社会保障政策，妥善分流安置企业富余职工。二是切实解决国有粮食企业粮食财务挂账问题。继续按照现行政策规定，对于一小部分政策性粮食财务挂账，从国有粮食企业剥离，上划到县级及以上粮食行政管理部门集中管理。对于未占用农发行贷款政策性粮食亏损，地方政府也要积极消化。对于经营性粮食财务挂账，结合企业产权制度改革，按照债随资产走、不逃废债务的原则，通过上划到有关单位集中管理、逐步消化、破产核销、政策性核呆等方式妥善处理。

4.创造良好国有粮食企业改革发展环境

国有粮食企业是粮食宏观调控、保障国家粮食安全的主要载体。地方粮食行政管理部门要切实加强对国有粮食企业的指导，提供改革和发展的优惠条件。各地要认真落实对于承担政策性粮食业务的国有粮食企业减免相关税费的政策；对于国有粮食企业自主经营性贷款，金融机构要降低门槛，简化手续，保证供应；

对于国有粮食企业实施“粮安工程”等项目建设用地，地方政府要确保土地供应。对于国有粮食购销企业产权制度改革后，特别是“一县一企”的国有粮食购销企业重组后，要继续享受原国有粮食购销企业在财税、信贷等方面的优惠政策。同时，要实施人才兴粮战略，引进企业急需的经营管理、科技等方面的人才，促进企业转型发展。

三 国有粮食企业经营管理情况分析

(一)国有粮食企业经营管理情况

2013年，各级粮食部门认真学习贯彻习近平总书记系列重要讲话精神和李克强总理视察指导粮食流通工作时的重要讲话精神，紧紧围绕粮食流通工作中心，深入贯彻落实中央一系列强农惠农富农政策，积极应对国内外经济和粮食市场复杂形势，争取和落实粮食流通有关财政、税收和信贷支持政策，指导国有粮食企业不断加强经营管理，进一步深化企业改革发展，取得了新成绩。自2007年统算盈利后，全国国有粮食企业实现“七连盈”，2013年实现统算盈利77.29亿元，27个省（区、市）实现了统算盈利，北京、山东、江苏、广东、安徽、上海、新疆、浙江、黑龙江等省（区、市）盈利额都在1亿元以上，国有粮食企业继续保持了平稳发展态势。

保持平稳发展的主要原因：一是国家粮食行政管理部门积极争取财政部和国家税务总局支持，落实有关粮食财政补贴、税收减免等支持政策，为粮食企业经营管理和改革发展创造了良好条件。二是积极协调农发行落实粮食收购资金，创新融资方式，拓展融资渠道，增加资金供应，指导和帮助企业多收粮、收好粮，促进了农民增产增收和企业增盈增效。三是各地因地制宜，加强国有粮食企业改革发展指导，加快推进基层粮食企业兼并重组，优化企业布局和结构。支持粮食产业化发展，培育区域性粮食龙头企业，增强了企业市场竞争力。四是开展“粮安工程”建设，改善企业仓储物流设施，增强企业经营能力和发展动力。五是妥善处置经营性财务挂账等历史遗留问题，切实减轻了企业负担。

尽管实现“七连盈”，但目前也还存在不少困难和问题，如国有粮食企业改革地区进展不均衡；企业过于依赖政策性粮食业务、盈利基础不牢固；粮食经营方式单一、经济发展质量不高；粮食流通资金投入不足、仓储设施落后；基层国有粮食企业税收负担较重等，需要进一步研究解决。

(二)进一步做好国有粮食企业经营管理工作的措施

各地粮食部门要结合实际，按照中共十八届三中全会确定的指导思想、目标任务和决策部署，通过创新体制机制，完善政策措施，加快推进国有粮食企业改革发展步伐。进一步争取财政、税收政策，进一步优化企业经营环境。按照“一县一企、一企多点”模式，加快国有粮食企业产权制度改革，重点推进县级粮食企业兼并重组，培育壮大骨干国有粮食企业。创新融资模式，拓宽融资渠道，协调落实粮食收购资金，支持企业扩大购销，夯实经营发展基础。支持粮食企业积极参与“粮安工程”，改善企业生产经营设施。指导粮食企业建立现代企业制度，完善法人治理结构，提高管理和决策水平。建立和完善长效激励约束机制，实行企业内部管理人员能上能下、员工能进能出、收入能增能减的灵活用人机制，调动企业全员积极性。加强企业财务管理，健全内控制度，有效运营资产，降低成本费用。指导企业创新经营方式，积极稳妥地发展“粮食银行”等新型粮食流通经营业态。鼓励企业与种粮大户、农民专业合作社等合作，主动融入新型农业经营体系，发展规模化、产业化经营，延长产业链条，提高产品附加值，增加企业经济效益，继续保持减亏增盈的良好态势。

第五部分

粮食宏观调控

一 2013年粮食最低收购价政策执行情况

为调动农民种粮积极性，切实保护农民利益，促进粮食增产和农民增收，2013年国家在粮食主产区继续实行小麦、稻谷最低收购价政策。在总结近几年经验的基础上，国家发展改革委、国家粮食局会同有关部门修改完善并及时公布2013年小麦、早籼稻和中晚稻（粳稻）最低收购价执行预案，严格委托收储企业资格条件，充分利用社会仓储资源，完善预案启动机制和补贴机制等，并适当提高了最低收购价水平，通过严格执行“五要五不准”的收购守则，确保了中央涉粮惠农政策落实到农民身上，帮助农民增产增收，保护了农民利益和种粮积极性。

新粮上市后，由于市场价格较低，主产区先后启动了小麦、早籼稻、中晚稻（粳稻）最低收购价执行预案，预案执行期内累计收购最低收购价小麦、稻谷共4094万吨。此外，为切实保护农民利益和种粮积极性，将部分地区不完善粒10%～20%的超标小麦纳入最低收购价收购范围。

二 2013年国家临时收储政策要点及调控效果

2013年，国家继续对油菜籽、玉米、大豆实行临时收储政策，并提前公布了玉米临储价格，玉米、油菜籽价格均有所提高，大豆价格保持2012年水平。油菜籽、玉米临储价格分别提高到每公斤5.1元、2.22～2.26元，分别比2012年提高了0.05元、0.06元，大豆价格仍为每公斤4.6元。国家粮食局会同国家有关部门及时下发文件，分别对油菜籽、玉米、大豆临时收储工作作出具体部署。油菜籽临时收储政策执行范围为内蒙古、江苏、浙江、安徽、江西、河南、湖北、湖南、重庆、四川、贵州、云南、西藏、陕西、甘肃、青海和新疆等17省（区、市）。除重庆、陕西、西藏外的冬、春播油菜籽临时收储工作于6月、10月先后在14个省（区）启动。玉米、大豆临时收储政策于11月下旬在内蒙古、辽宁、吉林、黑龙江4省（区）相继启动，敞开收购农民交售的粮食，并实行分贷分还，进一步强化地方政府责任，有效调动了地方抓好收购的积极性。为保护农民利益，明确将东北地区临时收储玉米生霉粒标准从2%放宽到5%，同时把含有色变粒的玉米纳入临储收购范围，帮助农民减损增收。

为维护新疆地区粮食市场和社会稳定，国家连续第5年在新疆实施了小麦临时收储政策，并下达150万吨收购计划，由中储粮总公司组织收购。

粮食临时收储政策的实施，对稳定市场粮价发挥了积极的引导作用，保护和调动了广大农民种粮积极性，促进了我国粮食生产稳定发展，增加了农民种粮收益，农民真正得到了实惠，实现了中央提出的促进粮食增产、促进农民增收的政策目标。同时国家也掌握了更多的调控粮源，对保障粮食市场供应、稳定市场价格具有积极作用。

三　2013年临时存储粮油购销调运情况

（一）收购情况

一是国家有关部门下达油菜籽临时存储收购计划500万吨，截至2014年2月底收购期结束已顺利完成。二是在临时收储政策执行期内，东北三省一区、新疆维吾尔自治区共收购临时存储玉米、大豆、小麦7272万吨，收购数量增幅较大。

（二）销售情况

为确保粮食市场供应和价格基本稳定，有效保证居民口粮消费和企业用粮的需要，2013年国家有关部门继续尝试投放国家政策性粮油，并根据市场情况和调控需要把握销售节奏和力度。如在面粉市场出现价格上涨时，每周增加小麦专场销售，满足了企业用粮需求。

（三）调运情况

为加强市场调控，优化库存布局，发挥政策性粮食“柜台前移”的作用，有效保障市场供应和价格基本稳定，2013年，国家有关部门加大了政策性粮食跨省移库力度。下达三批国家临时存储粮食跨省移库计划1309万吨，其中玉米927万吨、小麦160万吨、稻谷195万吨、大豆27万吨，以充实销区和库存薄弱地区的粮食库存。截至2013年年底，三批移库计划共完成1211万吨。下达中央储备粳稻跨省移库计划51万吨，截至2013年年底共完成43万吨。

四 粮食市场体系建设

(一)2013年粮食市场体系建设和发展情况

2013年，各级粮食部门认真贯彻落实中共十八大关于确保国家粮食安全的战略部署，继续组织实施“十二五”粮食市场体系建设与发展规划，加大对粮食市场体系建设发展的指导和扶持，进一步优化市场结构和布局，各类粮食市场健康有序发展，在保障市场粮食供应，稳定粮食市场价格，服务粮食宏观调控，维护生产者、消费者利益等方面发挥了重要作用。

1.粮食收购市场

2013年，我国粮食生产获得10年丰收，粮食收购市场粮源充足但收购压力较大，仓容不足、库存压力过大等问题和矛盾突出，国家采取有力政策措施，不断调动粮食收购市场主体的积极性，各级粮食部门加强业务指导，积极督促企业严格执行国家粮食收购政策，充分发挥国有企业的主导作用和各类市场主体的积极作用，主体多元化的粮食收购市场规范有序的发展，为完成2013年粮食收购任务提供了有效保障。一是国有粮食企业的竞争力稳步提升。2013年，全国收购总量明显增加，各类粮食经营企业收购粮食34445万吨，同比增加2584万吨，其中国有粮食企业收购18606万吨，同比增加5108万吨，占收购总量的54%。二是多元收购主体健康发展。各地认真执行粮食收购许可制度，在严格把好收购市场准入关的同时，积极培育多元化市场主体，使社会多元主体逐年增加，成为粮食收购市场的重要力量，全国取得粮食收购资格的经营者达8.43万个，同比增加了1800多个，其中国有及国有控股企业1.52万个，占18%；其他多元主体6.91万个，占82%。三是农村粮食经纪人队伍稳定发展。各地加强了对农村粮食经纪人队伍的规范管理和培训，推动了粮食经纪人队伍的健康发展，使农村粮食经纪人在粮食购销中的重要作用得到较好发挥，2013年，江苏省通过粮食经纪人收购的粮食达到1286.8万吨，占全省收购总量的83.1%。同时，各地加强对“五要五不准”粮食收购守则执行情况的监督检查，严肃查处“打白条”、向农民乱收费等损害农民利益的行为，督促违规企业向农民支付拖欠售粮款，有效地维护了粮食收购市场秩序。

2.粮食零售市场

2013年，我国粮食零售供应市场保持良好的发展态势，集贸市场、大卖场、连锁超市、便利店等零售网点覆盖城乡，连锁配送、“粮食银行”、“网上粮店”等新型粮食零售业态发展迅速。江苏省太仓市建设“粮食银行”的做法得到国务院领导同志的重视，要求加强“粮食银行”的探索，注意总结推广。“放心粮油”工程不断深入，“放心粮店”进入了农村、社区，还走进了“老少边穷”地区，目前，全国建立“放心粮油店”、示范销售店和其他示范企业1.35万家。湖南省建立了“放心粮油”市县乡三级联动的城乡产供销网络，放心粮油产品城市覆盖率达到了

90%、乡村覆盖率达到50%以上；陕西省政府印发了《关于实施放心粮油全覆盖工程的意见》，安排了2000万元的专项资金，对配送中心、示范店以及监督检查、产品质量抽检等方面给予扶持。山东、浙江、河南、江西等地的粮油电子商务发展较快，网上粮食交易已具有一定规模，积累了一些好做法、好经验。应急供应保障体系建设取得了新进展，全国应急网点由2012年的不足1.5万个增加到约4.3万个，基本实现了城乡全面覆盖、辐射村屯社区的布局目标。

3.粮食批发市场

2013年，全国各类粮食批发市场数量达到512家，其中国有及国有控股185家，股份制102家，民营225家。市场总交易量超过1.5亿吨，约占全社会商品流通量的43%，总体保持了良好发展势头。

(1)商流市场。2013年，商流市场业务发展领域不断拓宽，市场经营效益明显改观。一是国家政策性粮食交易量大幅提高。2013年，通过全国统一竞价交易系统成交国家政策性粮食3710万吨，较2012年增加1860万吨。二是地方储备粮入市交易数量明显增加。全国有13家国家粮食交易中心承担了地方储备粮进场交易任务。北京、天津、广东、湖北、福建、浙江、山西等地批发市场承担了省、市、县三级储备粮的轮换、采购、销售任务，成为地方粮食调控的重要载体。三是粮食场际交易进一步发展。2013年，商流市场通过场际交易共成交贸易粮油145万吨，成交金额达35亿元，粮食交易数量比上年增长80%以上，实现了政策性粮食交易与贸易粮交易的优势互补。四是拓宽业务发展与履行社会责任协调兼顾。内蒙古通辽国家粮食交易中心加快推进全区农畜产品竞价交易平台和惠农粮油交易服务平台建设，初步形成覆盖全市的农畜产品销售网络，有效降低了当地农牧民物资采购风险和生产成本。四川粮油批发中心在“4·20”芦山强烈地震发生后，及时将1600吨救灾大米运往灾区；汶川特大泥石流灾害中，连夜加工10吨大米空投灾区，切实发挥了粮食批发市场在应急应灾中的重大作用。

(2)成品粮市场。2013年，各地积极争取将成品粮市场纳入“粮安工程”中的粮油应急供应网点建设，给予重点扶持。市场不断改进经营策略，积极调整粮食经营品种结构、拓宽粮食销售渠道、强化物流配送功能，确保了成品粮市场粮源充足、供应正常。一是市场粮食供应稳定。各市场积极改进经营手段，拓宽销售渠道，粮油成交量稳步提升，城市成品粮供给“蓄水池”和居民口粮“米袋子”作用充分发挥。北京盛华宏林市场的年交易量达153万吨，贵州贵阳谷丰市场达115万吨，广东东莞常平市场达94万吨，湖北宜昌泰丰市场达90万吨，江苏苏州、浙江杭州、福建福州等市场超过70万吨。据统计，目前国家粮食局重点联系的26家大中城市成品粮批发市场，年交易量均已占到了当地口粮的50%以上，成为当地城市粮油供应的主渠道。二是注重抓好市场功能的升级改造。各成品粮批发市场积极争取地方政府的支持，加快市场基础设施建设，提升市场功能。福州市场积极争取列入本省的“粮安工程”建设规划重点支持项目，全面完成市场的油脂批发中心、物流低温仓、杂粮批发及配套服务中心建设，总投资额达5750万元。三是积极搭建产销衔接平台。销区批发市场积极吸引产区企业和经销商入场经营，把当地市场优势和产区的资源优势结合起来，实行产销区一体化经营，对保证粮源充足起到了重要作用。贵州省粮食批发市场通过产销衔接，使市场省外粮食进场量占全省省外购进量的66%，有效地弥补了粮食产需缺口。四是信息服务功能进一步提升。成品粮批发市场积极发挥市场价格晴雨表的作用，认真做好成品粮价格信息采集、分析、发布、报送工作。一方面，为政府部门宏观调控提供可靠的数据基础；另一方面，在引导生产、经营、消费预期上发挥积极作用。国家粮食局重点联系的26家大中城市成品粮批发市场多数建立了门户网站，为社会各界定期提供粮食价格和行业信息。

4.粮食期货市场

2013年，期货市场波澜不惊，总体比较平稳。我国粮食期货市场成交量较2012年有所增加，成交金额基本持平。从成交量看，2013年全国粮食期货成交量和成交金额为112759.66万手和439809.75亿元，分别比2012年增加9.58%和减少0.78%。全年市场呈现“粕强油弱”的销售局面，其中菜籽油和豆油期货成交比较活跃，菜籽油成交量、成交金额分别比上年增加103.24%和199.68%；豆油成交量、成交金额分别比上年增加39.9%和12.26%；其余品种则出现不同幅度下降，其中强筋小麦交易下降幅度较大，成交量、成交金额分别比上年减少88.75%和80.21%；由于大豆市场对外依存度较高，国际市场对国内市场影响较大，2013年黄豆价格一直呈下降趋势，黄大豆一号交易减弱，成交量、成交金额分别比上年减少75.83%和76.40%；早籼稻期货交易仍受需求疲软以及进口大米的严重冲击影响，延续了2013年的低迷态势，成交量、成交金额继续下滑。2013年10月中国证监会下发了《关于郑州商品交易所上市粳稻、晚籼稻期货的批复》，备受市场关注的粳稻期货于11月18日正式在郑州商品交易所挂牌交易。2013年粳稻成交量和成交金额为8.09万手和49.66亿元。粳稻期货上市以后，对早籼稻期货的影响较大，粳稻和早籼稻同属于稻米系列，价格波动受一些共同因素的影响。

2013年，各主要粮食期货交易品种的价格均出现不同幅度下跌。早籼稻受进口大米的冲击，价格震荡下滑；玉米上半年经历了几轮较小的涨跌后，下半年价格呈持续下跌态势；小麦价格前期走势相对平稳，但后期出现了连续8个月的快速上涨；大豆期货价格上半年相对平稳，由于现货价格回落打压期价走势，国家政策性粮食销售使得市场供应增加，7月价格大幅走低，下半年大豆期货价格以震荡为主，后于低位趋稳。

表5-1　2013年度粮油期货合约交易情况表

单位：成交量：万手；成交额：亿元

品种名称	2013年成交量	2012年成交量	同比增长(%)	2013年成交额	2012年成交额	同比增长(%)
强筋小麦	580.68	5160.42	-88.75	2586.24	13070.46	-80.21
普通白小麦	0.38	1.25	-69.75	4.69	14.24	-67.06
豆一	2198.70	9095.09	-75.83	10124.99	42903.26	-76.40
豆二	1.45	2.08	-30.42	6.12	9.88	-38.07
玉米	2662.72	7564.87	-60.80	6349.26	18118.54	-64.96
豆粕	53071.51	65175.33	-18.57	176837.25	231733.64	-23.69
豆油	19266.93	13771.71	39.90	144383.78	128614.88	12.26
菜籽油	2539.97	1249.71	103.24	19103.64	6374.58	199.68
早籼稻	174.59	767.66	-77.26	708.55	2087.98	-66.07
油菜籽	234.54	27.42	755.48	1267.17	144.60	776.33
菜籽粕	32020.07	84.24	37909.90	78388.39	199.92	39111.84
粳稻	8.09	0	—	49.65	0	—
总计	112759.63	102899.78	9.58	439809.73	443271.98	-0.78

注：数字资料来源于郑州商品交易所和大连商品交易所，成交量、成交金额均按双边计算。

(二)2014年粮食市场体系建设工作思路

2014年，各级粮食行政管理部门要深入贯彻中共十八届三中全会和中央经济工作会议、中央农村工作会议精神，落实中央1号文件部署，把增强公益性、高效性作为粮食市场体系建设的主线，切实发挥市场配置资源的决定性作用并更好地发挥政府作用。2014年，继续按照粮食市场体系建设与发展“十二五”规划要求，坚持立足当前和着眼长远相结合，完善各具特色的区域粮食市场网络，优化市场结构和布局，提升粮食市场功能，规范粮食市场秩序，努力建立起以功能集聚的粮食批发市场为中心，各类粮食市场协调发展，统一开放、竞争有序、制度完备、业态多元、互动高效的粮食市场体系。

一是进一步完善粮食收购服务体系，方便农民售粮。支持、督促国有粮食企业在粮食流通中发挥主导和示范作用，引导市场多元主体参加粮食收购。加强促进农村粮食经纪人队伍健康发展的指导，充分发挥其服务农民售粮和企业收粮、活跃粮食流通的作用。加强粮食收购市场监管，规范收购市场行为。

二是以区域保障为主，积极发展方便、快捷、规范的城乡粮油零售供应网络。大力支持粮油统一配送、电子商务等现代流通方式发展，搞活品种调剂流通，扩大放心粮油规模，优化粮食应急供应保障网络，切实保障城乡居民口粮绝对安全。

三是加强对粮食批发市场发展规划、经营管理、升级改造、资源整合等方面的分类指导，争取在大中城市建立一批基础设施完备、功能齐全、具有一定规模的公益性粮食批发市场。根据组建国家粮食交易中心的进程，进一步完善全国政策性粮食竞价交易网络体系和系统平台功能，不断扩大地方政策性粮油进场交易规模和范围，大力发展场际交易，发挥好批发市场在大宗农产品交易中的集散功能。积极向国家和有关部门争取粮食批发市场质量安全检验检测补助费用，加快推进粮食安全检测体系和监管能力建设。努力将粮食批发市场纳入农产品批发市场信息化提升工程，加快粮食市场信息体系建设和换代升级，完善粮油信息的可追溯体系，确保粮食流通环节和口粮市场质量安全。加强市场监管力度，规范粮食批发市场及市场内各交易主体行为。

四是继续稳步发展粮食期货交易，健全交易品种体系，增强现货市场与期货市场的联动性，充分发挥期货市场价格发现和风险管理功能，增强期货市场服务实体经济的能力。

五 粮食储备和应急体系建设与管理

(一)中央和地方储备粮油轮换总体顺利

为确保中央储备粮质量良好、储存安全、常储常新，更好地服务调控市场的需要，国家有关部门及时下达并督促落实2013年度中央储备粮油轮换计划、中央储备粮品种串换计划、进口转临时储备计划。中储粮总公司认真抓好落实，保障了中央储备粮质量良好、储存安全。各地积极应对市场形势变化对储备轮换带来的不利影响，探索实施订单收购、成品粮油滚动轮换等运作模式，认真抓好地方储备粮油轮换，较好地发挥了储备粮油吞吐调节作用，保障了储备粮油质量安全。

(二)地方储备库存继续增加

各地进一步充实地方粮油储备，特别是成品粮油和小包装粮油储备。2013年末全国地方粮食和食用油储备库存同比分别增长5.2%和6.2%，其中江苏、黑龙江、内蒙古、甘肃等省（区）增加较多，地方政府调控市场的能力进一步增强。部分地区有针对性地增加了成品粮油储备，成品粮和成品油库存同比分别增长10.4%和7.2%，应急应灾快速反应物质基础进一步增强。

(三)重点时段和重点地区市场供应保障有力

各级粮食行政管理部门提前安排部署“两节”和“两会”期间等重点时段，自然灾害易发地区、退耕还林（草）地区、水库移民区等重点地区粮油供应工作，维护市场稳定。四川芦山、甘肃定西、吉林松原地震发生后，灾区各级粮食部门立即行动，全力做好救灾粮油粮源筹集、加工、调运、供应等工作，地震灾区民食军需和市场粮食供应得到有效保障。

(四)粮食应急供应体系取得阶段性成果

为进一步增强粮食应急保障能力，确保国家粮食安全，2013年5月，国家粮食局印发通知，就进一步健全和落实粮食应急供应网点等工作作出安排部署。各地努力克服时间紧、任务重等困难，按时完成了粮食应急供应、配送、加工网点的布局工作，应急网点由上年的不足1.5万个增加到约4.3万个，基本实现了城乡全面覆盖、辐射村屯社区的布局目标，应急供应体系建设取得阶段性成果。山东、湖北、四川、广西等省（区）积极争取地方财政的资金支持，有力地推进了应急网点设施的建设和维护。各地采取措施，切实做好应对突发事件和市场异常波动的思想准备、组织准备、物质和技术准备，北京、天津、山东开展了应急培训，陕西、山西组织了市县级粮油应急演练，不断提高应急实战能力。

(五)粮食市场监测预警机制不断健全

各地按照强化粮情监测预警的要求，调整补充国家粮食局市场价格监测点，优化网点布局，2013年市场监测直报点达到569个，比上年增加231个，覆盖范围进一步扩大，监测灵敏度和准确度进一步提高。建立了11.1万个农户和城镇居民户粮情固定调查点，开展社会粮油供需平衡调查。加强粮食市场信息监测分析，及时向各级政府和相关部门报送监测数据，为政府决策服务。及时通过网站、杂志发布监测信息，为企业和社会服务。

六 粮食产销合作现状与展望

2013年各地按照“政府推动，部门协调，市场机制，企业运作”和“丰歉互相保证，同等条件优先”的原则，继续推进粮食产销合作深入发展。积极组织好企业间的粮食购销贸易，引导企业主动对接，开展购销贸易，并积极探索完善储备粮异地代储、动态储备等灵活多样的购销方式，扩大合作规模。北京、上海等市加快推进到主产区建立粮源生产基地，四川、浙江、福建、云南等省地方政府拿出专项资金，补贴采购省外粮源，保障区域粮食市场供应和价格稳定。搭建粮食产销合作平台，举办各类粮食产销衔接会、贸易洽谈会，如黑龙江金秋粮食交易合作洽谈会、福建九省粮食产销协作洽谈会、中国粮油精品展示交易会、内蒙古玉米产销协作洽谈会等，全年共签订产销协议约2000万吨。积极实施关内企业采购东北地区粳稻和玉米费用补贴政策，引导和促进主产区粮食资源向销区加快流通。截至2013年年底，东北粳稻和玉米补贴采购运抵关内地区325万吨。

2014年要继续完善促进产销合作发展的政策措施，建立健全粮食产销区利益协调机制，努力营造促进产销合作发展的良好环境，鼓励产区与销区建立多形式、深层次、长期稳定的粮食产销合作关系，努力扩大合作规模和范围。销区粮食行政管理部门要继续支持有实力的企业到产区开展订单生产、订单收购，或委托产区企业与农户签订单；产区粮食行政管理部门要继续为销区企业提供便利和服务，进一步提升产销合作水平，促进粮食有序顺畅流通。

第六部分

粮食依法行政

一 粮食行业依法行政积极推进

(一)粮食法制建设进程加快

2013年，《粮食法》列入十二届全国人大五年立法规划一类项目以及全国人大、国务院2013年立法工作计划。各级粮食行政管理部门积极配合，共同推进《粮食法》立法进程。国家粮食局主要负责同志和分管负责同志多次到国务院法制办沟通了解情况，提出立法建议，积极推进立法进程。黑龙江、安徽、江苏等省积极配合全国人大、国务院法制办开展《粮食法》立法专项调研，客观反映粮食领域存在的突出问题，提出了好的意见和建议，有力地推动了立法工作。

加强中央储备粮管理研究，积极做好《中央储备粮管理条例》修订前期准备工作。积极推进《粮食质量监管实施办法（试行)》、《粮食批发市场管理办法》、《国家粮油仓库仓储设施管理试行办法》三项规章的制修订工作。

(二)粮食法制宣传教育取得新成效

“六五”普法以来，全国粮食系统围绕粮食流通中心工作，深入开展“法律六进”和多种形式的普法宣传教育活动，扎实推进依法治理，大力提升粮食系统依法行政、依法管粮的能力和水平，为推动粮食流通工作科学化、制度化、法制化打下了坚实基础。利用“《粮食流通管理条例》颁布实施纪念日”、“世界粮食日”、“12·4法制宣传日”等时机，各地组织开展了形式多样的学习宣传活动，进一步普及粮食流通法规制度。做好“六五”普法中期检查工作，各地认真组织自查，总结经验，查找问题，认真整改。在“六五”普法中期检查基础上，经各省级粮食局推荐、国家粮食局评选，安徽省粮食局被全国普法办评为“全国‘六五’普法中期先进单位”，广东省江门市粮食局聂炳健同志、四川省粮食局柳易同志被全国普法办评为“全国‘六五’普法中期先进个人”，为粮食系统赢得了荣誉。

(三)粮食行政许可工作依法有序开展

2013年，各级粮食行政管理部门按照《粮食流通管理条例》和地方有关规定，进一步完善粮食收购市场准入制度，依法做好粮食收购资格审核工作。截至2013年12月底，全国各级粮食行政管理部门共审核批准了各类粮食收购主体达84343个，其中非国有主体69077个，占82%。同时，认真做好行政审批清理相关工作，并指导地方做好相关工作。

国家粮食局、各省级粮食局继续开展中央储备粮代储资格认定。各省认真组织初审，配合国家粮食局共同做好审批工作。截至2013年12月（第18批审核结束)，全国共有2067户中央储备粮代储资格企业。其中：粮食类企业1884户，资格仓容10345万吨；油脂类企业185户，资格罐容349万吨。

(四)继续加强全社会粮食流通监管与服务

组织开展全国粮食库存检查和储备食用油库存专项检查。国家粮食局会同有关部门联合部署了全国粮食库存检查工作，并委托部分省级和市级粮食行政管理部门，按照在地原则对中央储备粮库存进行了认真检查，确保粮油库存安全。

加强全社会粮食流通监管。开展以落实“五要五不准”粮食收购守则为主要内容的收购专项检查，加强对政策性粮食出库工作的监督检查。据统计，2013年各地共开展检查9.6万次，出动人员39万人次，检查企业32.8万个次，查处纠正违法违规问题1.7万例。

二 粮食收购资格审核情况分析

2013年，各级粮食行政管理部门按照《粮食流通管理条例》和地方有关规定，进一步完善粮食收购市场准入制度，依法做好粮食收购资格审核工作。截至2013年年底，全国具有粮食收购资格的经营者84343家，比2012年的82490家增加了1853家。

从粮食产销区分布看，粮食主产区、主销区和产销平衡区具有粮食收购资格的经营者数量分别为66667、3471和14192家，分别占全国的79%、4%和17%，其中江苏、安徽、四川、河南、山东5个粮食主产省具有粮食收购资格的经营者数量占到全国的四成以上。

粮食收购市场多元化格局进一步明显。在具有粮食收购资格的经营者中，国有及国有控股企业15266家，占全部具有粮食收购资格经营者数量的18%；个体工商户、民营企业以及外商投资企业等其他多元市场主体69077家，占全部粮食收购者数量的82%，其中内蒙古、湖南等省（区）的其他多元市场主体比重超过了九成。2013年，各类粮食企业收购原粮34445万吨，占粮食总产量的57%；其中国有企业收购18606万吨。

三 中央储备粮代储资格认定情况分析

2013年，国家粮食局按照《〈中央储备粮代储资格认定办法〉及其实施细则》（以下简称《细则》）等的相关规定，于5月、10月开展了两批（总第17、18批）中央储备粮代储资格认定工作、两次代储资格延续工作、两次代储资格变更工作，取消了两批代储资格到期企业。针对代储资格仓容规模总体偏大、非国有企业和特殊地区企业申请代储资格等问题进行深入研究，并提出了完善相应政策制度的措施建议。对《细则》部分条款进行修订，提高了代储资格认定审核标准，强化安全生产管理要求，优化了工作程序。中央储备粮代储资格认定工作更加规范、完善。

(一)中央储备粮代储资格认定情况

2013年，共有483户企业提出了新申请或补充申请，通过审核246户，通过率50.9%。其中：粮食类通过审核企业229户，取得资格仓容972万吨；油脂类通过审核企业17户，取得资格罐容47万吨。

(二)中央储备粮代储资格企业延续情况

2013年，共有234户企业提出了延续申请，通过审核140户，通过率59.8%。其中：粮食类通过审核企业131户，延续资格仓容694万吨；油脂类通过审核企业9户，延续资格罐容13万吨。

(三)中央储备粮代储资格企业变更情况

在已取得资格企业有效期内，共有169户企业提出了变更申请，通过审核150户，通过率88.8%。变更的主要事项为企业名称、法定代表人、仓（罐）容等。

表6-1　2013年中央储备粮代储资格认定情况表

申请类别	申请批次	申请企业（户）	通过审核（户）	通过率（%）	粮食类取得资格		油脂类取得资格	
					数量（户）	仓容（万吨）	数量（户）	罐容（万吨）
新申请及补充申请	合计	483	246	50.9	229	972	17	47
	第17批	229	116	50.7	106	426	10	31
	第18批	254	130	51.2	123	546	7	16
延续申请	合计	234	140	59.8	131	694	9	13
	第17批	45	25	55.6	23	113	2	6
	第18批	189	115	60.8	108	581	7	7
变更申请	合计	169	150	88.8				
	第17批	52	49	94.2				
	第18批	117	101	86.3				

(四)全国中央储备粮代储资格企业情况

1.总体情况

截至2013年12月（第18批审核结束），全国共有2069户中央储备粮代储资格企业。其中：粮食类企业1884户，资格仓容10345万吨；油脂类企业185户，资格罐容349万吨。

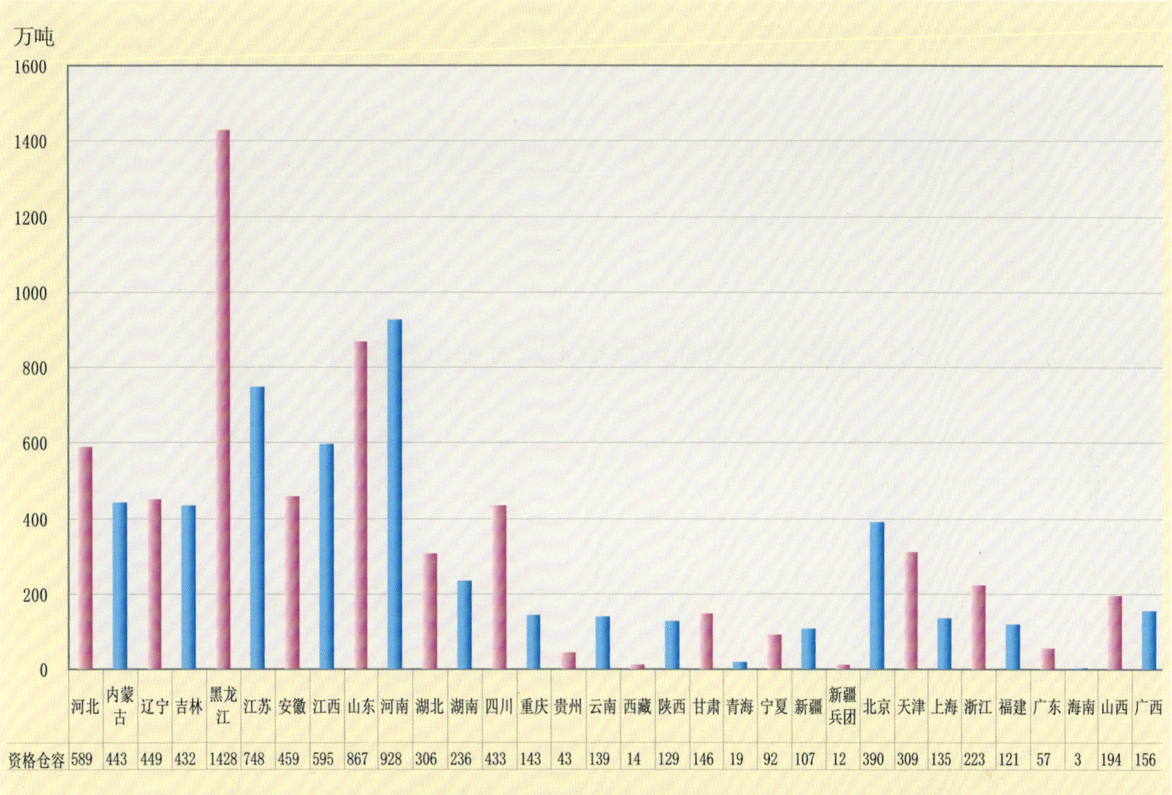

图6-1 中央储备粮代储资格仓容分省（市、区）情况

2.按所有制性质划分

国有企业2055户，其中：粮食类企业1876户，资格仓容10278万吨；油脂类企业179户，资格罐容339万吨。非国有企业14 户，其中：民营企业13户（粮食类8户，资格仓容67万吨；油脂类5户，资格罐容9万吨）；外资企业1户，资格罐容 1.5万吨。

3.代储资格企业地区分布情况

（1）粮食类资格企业情况。从分地区情况看，主产区有代储资格企业1519户，占80.6%，资格仓容7913万吨，占76.5%；主销区有163户，占8.7%，资格仓容843万吨，占8.1%；产销平衡区有202户，占10.7%，仓容1589万吨，占15.4%。

表6-2 中央储备粮代储资格企业分地区情况表（粮食类）

企业分区	企业数量（户）	占比（%）	资格仓容（万吨）	占比（%）
合计	1884		10345	
主产区	1519	80.6	7913	76.5
主销区	163	8.7	843	8.1
产销平衡区	202	10.7	1589	15.4

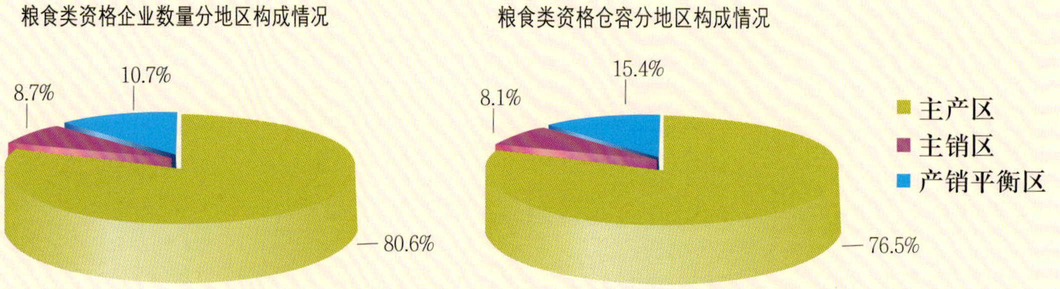

图6–2 粮食类资格企业分地区构成图

（2）油脂类资格企业情况。从分地区情况看，主产区有代储资格企业98户，占53.0%，资格罐容195万吨，占55.9%；主销区有23户，占12.4%，资格罐容91万吨，占26.2%；产销平衡区有64户，占34.6%，罐容63万吨，占17.9%。

表6–3 中央储备粮代储资格企业分地区情况表（油脂类）

企业分区	数量（户）	占比（%）	资格罐容（万吨）	占比（%）
合计	185		349	
主产区	98	53.0	195	55.9
主销区	23	12.4	91	26.2
产销平衡区	64	34.6	63	17.9

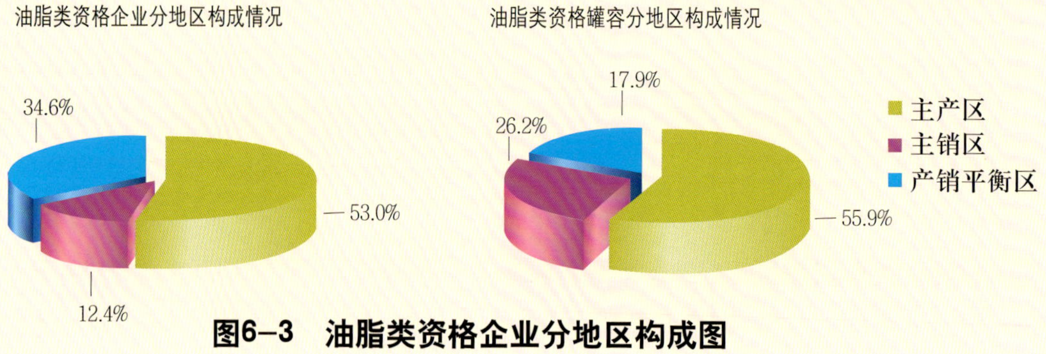

图6–3 油脂类资格企业分地区构成图

四 粮食流通统计制度作用及成效分析

2004年粮食购销市场化后，粮食统计工作开始由部门统计向全社会、全行业统计转变。十年来，各级粮食行政管理部门和广大粮食统计人员切实履行全社会统计职能，认真贯彻执行《国家粮食流通统计制度》，较好地完成了各项统计任务，为粮食宏观调控提供了重要的决策依据。

(一)掌握全社会粮食流通状况

各级粮食行政管理部门按照粮食流通统计制度的要求，认真做好粮食流通统计工作，了解和掌握全社会粮食流通状况。一是通过粮食统计旬（月）报、价格监测周报、季节性粮油收购进度等常规统计工作，及时反映全国粮食收购、销售、库存、价格等变化情况。二是认真组织开展全社会粮食、食用植物油供需平衡调查工作，全面掌握粮油生产、流通、消费、库存和省间流向等基本情况，为分析判断我国粮油供求形势和发展趋势提供了可靠依据。三是重点加强对最低收购价和国家临时存储粮食的收购数量、价格、跨省移库等情况的统计和分析，强化对政策性粮食销售的统计，准确掌握政策性粮食出库、加工和投放市场等信息。四是进一步完善粮油市场信息监测点布局，及时反映粮食市场价格行情。监测直报点数量由328家增至569家，首次涵盖到军粮供应网点。

(二)掌握粮油加工业发展情况

基本掌握粮油加工企业数量、生产规模、区域分布，企业从业人员、专业技术人员数量，主要粮油产品的产量、库存量，主要原料年消费量，以及粮油加工业经营效益等情况，为科学制定粮油加工业发展规划，加快粮油加工业的结构调整和优化升级，正确指导粮油加工健康发展提供了基础资料和决策依据，也为应急加工企业网络体系建设的布局和选取提供了依据。

(三)摸清粮食仓储设施和建设投资等情况

通过对粮食企业仓储设施和粮食流通基础设施建设投资情况的统计，基本摸清了全国粮食仓容规模、仓型、区域分布、使用状况、专用码头泊位数量、铁路专用线、散粮中转设施、仓库其他配套设施等情况，初步掌握粮食流通基础设施建设项目、投资规模、区域分布、资金来源，以及项目完成进度等基本情况，为加强粮食基础设施建设，科学利用有效仓容，合理安排政策性粮食跨省移库，逐步优化粮食储存布局，推进粮食现代物流发展发挥了积极作用。

(四)掌握粮食行业机构和从业人员情况

对粮食行业机构和从业人员的基本状况进行统计，基本掌握了粮食行业机构设置、从业人员总数、年龄结构、学历构成、专业技术人员数量等基本情况，为加强粮食行业管理，积极开展培训教育和职业技能鉴定，全面提升粮食行业水平提供了基础信息。

随着国际国内粮食供求形势的不断发展变化，粮食统计工作中还存在着一些不容忽视的矛盾和问题，如统计报表过多、指标烦琐、统计任务多头布置，地方统计基础薄弱、力量不足等，已难以满足新形势下粮食宏观调控的需要。因此，亟待以开拓创新的理念，推进粮食流通统计制度改革，切实提高统计效率和数据质量，构建统一、精简、准确、管用的粮食流通统计体系。

五 粮食流通监督检查工作取得新进展

2013年，全国粮食监督检查工作认真贯彻落实中共十八大精神，按照“守住管好‘天下粮仓’，做好‘广积粮、积好粮、好积粮’三篇文章”的总部署，紧紧围绕全国粮食流通中心工作和重点任务，坚持稳中求进，积极破解难题，扎实做好粮食流通监督检查工作。在政策性粮食购销检查、粮油库存检查、社会粮食流通监管、涉粮案件查办和体系建设等方面都取得了新进展，为保障国家粮食安全、维护粮食流通秩序作出了积极贡献。

（一）服务宏观调控，政策性粮食购销检查工作取得新成效

深入开展粮食收购“五要五不准”守则执行情况专项检查，维护种粮农民利益。2013 年，国家粮食局认真组织开展了粮油收购“五要五不准”守则执行情况的专项治理活动，及时帮助农民解决了打“白条”、“卖粮难”等问题。先后查处了江苏盐城建湖、射阳，吉林磐石、永吉、长春，河南南阳、沁阳等地个别委托收储库点拖欠农民售粮款问题，江西新建县仓容准备不足导致的农民“卖粮难”问题，湖南益阳个别收购人员向农民乱收费问题，湖北、湖南、四川 3 省 5 家企业临储菜籽（油）收购“顶包”问题，安徽六安“转圈粮”问题，责成当地和相关央企对相关企业和责任人作出了严肃处理。据统计，2013 年各地共查处纠正收购违规案例 7842 例，暂停或取消收购资格 365 例。

扎实推进政策性粮食出库检查，为保供给、稳粮价作出积极贡献。为治理政策性粮食“出库难”，2013年国家粮食局综合施策，开展了专项整治活动。期间多次约谈中储粮总公司，并发出整改通知，较好地解决了河南省2010年最低收购价小麦“出库难”问题。各地按要求认真开展政策性粮食销售出库专项检查。据统计，2013年各地共开展政策性粮食销售出库检查3362次，出动人员14125人次，检查企业6430个次，查处粮食出库难案件100多件，政策性粮食销售出库问题较2012年明显减少，政策性粮食销售出库工作平稳有序。

（二）强化对粮油库存检查发现问题的整改，推动粮食库存管理水平进一步提高

2013年，国家有关部门联合开展了全国粮食库存检查。对河北、山西、内蒙古、吉林、湖北、重庆等6省（区、市）中央事权粮食进行了委托在地检查，检查中突出了对发现问题的整改。2013年库存检查中发现问题1116个，其中，中央事权粮食库存管理问题56项266个，地方事权粮食库存管理问题179项850个。对发现的问题分别向中储粮总公司和地方粮食部门下达了书面整改意见，布置了整改“回头看”。中储粮总公司在整改中给予6个直属库经济处罚，23个直属库通报批评，并对相关责任人进行了严肃处理。地方粮食部门也按要求进行了认真整改。2013年下半年，北京、辽宁、上海、山东、广东、陕西6省（市）省级粮食部门，采取不打招呼突击检查方式，对区域内中央和地方储备油

库存进行了专项检查。对检查发现的中央和地方储备油管理的20个和49个问题，均责成有关企业落实了整改措施。总体来看，库存检查达到了“以检查促整改、以整改强管理”的目的。

(三)全面开展社会粮食流通监督检查，维护粮食流通秩序

2013年，国家粮食局组织各地结合本地实际，有针对性地开展了粮食收购资格、粮食经营者收购活动、执行粮食统计制度和粮食质量安全情况等检查工作。2013年各地开展各类检查9.6万次，出动人员39万人次，检查企业32.8万个次，查处纠正违法违规问题1.7万例，有效维护了社会粮食流通秩序。

(四)加大涉粮案件查处力度，提高监督检查权威性

2013 年，国家粮食局高度关注网络舆情，及时受理群众举报 41 件，会同省级粮食行政管理部门高质量地查处了拖欠农民售粮款、政策性粮食“出库难”、“转圈粮”、违反临储菜籽油收购政策、粮食库存管理和粮食质量等方面的涉粮案件，惩治了违规行为，解决了一些长期积累的问题，提升了粮食流通监督检查的影响力和威慑力。2013 年各地粮食部门共查处涉粮案件 16937 起，暂停或取消粮食收购资格 1375 户，罚款 2207 起，处罚金额 397 万元，维护了粮食购销政策的严肃性。

(五)开展第三批示范单位创建活动，显著提升基层监督检查工作水平

2013年，国家粮食局组织开展第三批全国粮食流通监督检查示范单位创建活动，确定了58个示范单位。全国粮食流通监督检查示范单位创建活动的开展，进一步带动了省级示范单位创建活动，有效推动了体系建设和监督检查工作的均衡发展。示范单位创建工作开展4年来，示范单位总数达到166个。各地认真总结推广示范单位的经验和做法，加强对示范单位的指导和管理，做好示范单位的年度考核，积极支持示范单位破解粮食监督检查难题，成效显著。地方党委政府对监督检查工作也愈加重视，在编制、经费等方面不断加大支持力度，进一步提升了粮食部门的地位和监督检查工作的社会认知度。

(六)稳步推进监督检查基础工作

一是监督检查机构和队伍稳中有增。截至2013年年底，全国市县两级粮食部门设立监督检查机构分别达到316个和1950个，同比分别增加了14个和131个，比例分别达到90%和78%；市、县级建立粮食执法队分别达到152个和1496个，同比分别增加10个和90个。全国取得行政执法资格的检查人员达到25013人，检查人员队伍基本稳定。二是监督检查工作机制日趋完善。各地不断创新和完善工作机制，进一步提高了监督检查工作的规范化、科学化水平。三是粮食企业经营活动守法诚信评价工作稳步推进。为创新监管方式，实现分类监管，促进粮食经营者守法诚信经营，国家粮食局制定了《粮食企业经营活动守法诚信评价办法（试行）》，选择在江苏、安徽和江西3省开展了试点工作。除试点省份外，各地都在积极探索建立粮食经营者守法诚信档案，部分地区已实现对粮食经营者的分类监管。四是粮食流通监督检查专业人才库初步建立。各省均建立监督检查人才库，入库人员达6293人。在各地省级专业人才库的基础上，国家粮食局确定了第一

批589人入选国家级专业人才库，初步建立了一支熟悉政策、精通业务、经验丰富、能胜任重大检查任务的专家型队伍，在国家有关部门和地方组织的库存检查、案件查办、专项核查等工作中，发挥了骨干作用。五是粮食监督检查对象信息库和工作日志建设进度加快。截至2013年年底，各地已将6.6万户粮食经营企业纳入监管对象信息库，建立了信息档案，占企业总数的85%，较2012年增加1.3万户。监督检查工作日志制度得到较好落实，推动了基层执法工作有序、规范开展，也为加强层级监督提供了依据。六是监督检查信息化建设稳步推进。国家粮食局积极做好全国粮食动态信息系统项目建设，开展库存粮食识别代码设计和互联互通试点工作，探索粮食库存检查新技术、新设备的研究开发。

(七)加强粮食流通监督检查工作的对策

2014 年，粮食流通监督检查工作要深入贯彻落实中共十八大和十八届三中全会精神，按照中央经济工作会议、中央农村工作会议关于粮食工作的决策部署，紧紧围绕全国粮食流通工作会议确定的“稳中求进，改革创新，守住底线，加快发展”的要求和“一大战略”、“五项改革”、“两项工程”的目标任务,进一步增强“首要意识”和“守责意识”,深入开展“监管能力提升年”活动,着力加强监管,加强体系建设，加强科技支撑，认真履职尽责，努力做好公共服务的提供者、市场主体的监管者、公平竞争的维护者、市场秩序的执法者。

一是深入开展“监管能力提升年”活动。进一步健全监督检查机构，落实编制、人员和经费，实现监管体系有新突破。分类分步提升监管信息化水平，积极利用信息化手段和先进的检查工具，实现监管手段的新提升。加强对国家粮油库存检查人才库的人员培训，建立“案件核查人才库”，实现监管队伍建设的新发展。进一步突出监督检查工作的问题导向，加大处罚力度，加强行政层级监督，实现监管质量的新提高。二是扎实开展政策性粮食购销活动检查。强化政策性粮食收购检查，督促粮食企业不折不扣地执行国家粮食收购政策，自觉遵守“五要五不准”收购守则。强化对政策性粮食出库的检查，严肃查处掺杂使假、拖延阻挠出库、索取不合理费用等违规行为，确保粮食及时出库供应市场。三是进一步强化粮油库存监管。适当调整各阶段检查工作时间，搞好各环节的有机衔接。同时，加大随机抽查和突击检查力度。继续推进中央储备粮委托在地检查，适时开展政策性植物油库存专项检查。按照粮食安全省长负责制原则，有针对性地开展地方储备粮油库存检查，加强对应急储备成品粮油库存检查，进一步规范库存管理。四是全面开展全社会粮食流通的监督检查。因地制宜，突出检查重点，增强检查的针对性和有效性。积极创新监管方式，完善工作机制，不断提升监管水平。严格落实监督检查工作日志制度，实现粮食经营者监管档案全覆盖，进一步探索建立粮食经营诚信体系，逐步实现对粮食经营者分类监管。五是加大力度严肃查处涉粮案件。加强对媒体有关粮食舆情的跟踪、研判，及时受理涉粮举报投诉。进一步规范案件受理、查办、结案等工作程序，做好案件卷宗标准化、规范化管理工作。建立监督检查系统案件受理查办情况信息上报制度和案件通报机制，加强业务指导，保证办案质量。六是继续开展示范单位创建活动。2014年开展第四批全国粮食流通监督检查示范单位创建工作，加强对前三批示范单位的工作指导和考核。组织好示范单位工作经验的总结、宣传推广工作，推动监督检查工作全面开展。

第七部分

粮食质量与标准

一 粮油标准化工作

2013年，粮油标准化工作的重点是加强基础技术研究和标准的贯彻执行。同时，完成76项国家和行业标准制修订工作，继续推动粮油标准化工作体系建设，进一步提高国际标准化工作参与程度。

(一)扎实做好标准制修订工作

2013年，国家粮食局完成审定粮油国家标准和行业标准76项，发布实施国家标准4项，行业标准23项。

2013年，国家粮食局积极配合有关部门做好食品安全标准工作。按照卫计委（原卫生部）的统一要求，对粮油标准进行逐项梳理，完成了食品添加剂标准、食品相关产品标准、食品生产经营规范标准、食品理化检验方法标准、食品产品标准、食品微生物学检验方法标准以及特殊膳食类食品标准等7类食品安全标准清理整合工作；提出了食品中可能违法添加的非食用物质名单意见；组织专家对《食用植物油》等重要粮油产品的食品安全标准进行了深入研究并及时反馈给食品安全国家标准管理部门，以确保食品安全标准工作能更好地服务粮食流通工作。

(二)稳步推进标准化工作体系建设

2013年，国家粮食局继续推进粮油标准化工作体系建设。经过与各有关部门充分沟通协调，完成了全国粮油标准化技术委员会换届及组建4个分委会的申报工作。拟换届的粮油标委会委员及4个分委会委员共计204人，覆盖了粮食行业各主要粮食标准质量管理部门、科研院所、院校、检验机构、大型粮油企业等，进一步完善了粮油标准化工作体系，壮大了粮油标准化工作队伍。

组织开展全国粮油标准研究验证测试体系建设工作，经申报、审查、公示，拟对42个验证测试中心和35个验证测试站命名挂牌。验证测试体系涵盖全国粮食科研院所、院校、质检机构和大型粮食企业。

(三)及时调整粮食收购质量标准

2013年，受异常气候、种植品种、农户储粮方式不当等因素影响，部分地区出现了区域性粮食收购质量异常情况，苏皖豫鄂4省部分地区小麦不完善粒含量较高、东北部分地区玉米生霉粒含量较高等。针对这种情况，有关地方粮食部门组织粮食质检机构采样，开展专项质量调查，并将调查结果及时报送当地人民政府，当地省级人民政府、省级粮食部门将相关情况报告国家发改委、国家粮食局、财政部等部门。在接到地方情况报告后，国家粮食局会同（配合）有关部门赴当地进行实地调研，了解质量异常粮食的数量、分布和实际质量状况等。及时调整粮食收购质量标准，有效保护农民、国家和粮食企业三方利益。另外，国家粮食局和有关地方粮食部门及时采取有效措施，组织专家小组深入受灾乡村农户指导科学储粮、提质增收，编印下发农民科学储粮指导手册，并录制农户科学储粮宣传短片，宣传引导农民科学储粮，减少产后损失。

(四)认真做好国际标准化工作

2013 年，我国承担的国际标准化组织谷物与豆类分技术委员会（ISO/TC34/SC4）秘书处积极有序开展工作，稳步推进标准项目。

2013 年正式发布了《小麦全麦粉和面粉——混合和升温对面团流变学特性影响的测定》（ISO17718）、《小麦粉——安培法测定破损淀粉含量》（ISO17715）、《谷物、豆类和其他食用粮食——术语》（ISO5526）、《小麦粉——面团物理特性 第 1 部分：流变学特性的测定——粉质仪法》（ISO5530 - 1）和《谷物与豆类氮含量和粗蛋白质含量的测定》（ISO20483）5 项国际标准，其中《谷物、豆类和其他食用粮食——术语》（ISO5526）标准以英语、法语、德语、拉丁语和汉语 5 种语言发布，汉语首次出现在粮食类国际标准中，是我国在粮食国际标准中话语权的具体体现；通过了《漫反射比色法粉色的测定——漫反射比色法测定颜色》（ISO/NP16624）、《杜伦麦颗粒粉制通心面——感官分析法评定蒸煮品质——第 1 部分：参考方法》（ISO/NP7304-1）和《谷物和谷物制品——普通小麦（小麦 Triticum Aestivum L.）——商业或试验面粉和试验制粉中恒定水合作用下面团的面筋拉伸性能的测定》（ISO/NP27971）3 项新标准提案；《谷物——词汇》（ISO/FDIS5527）、《稻米——直链淀粉含量测定——第 1 部分：参考方法》（ISO/DIS6647-1）、《大米——直链淀粉含量测定——第 2 部分：常规方法》（ISO/DIS6647-2）、《小麦和小麦粉——面筋含量——第 2 部分：仪器法测定湿面筋》（ISO/DIS21415-2）、《谷物、谷物原料产品和动物饲料——兰德尔提取法测定粗脂肪和总脂肪含量》（ISO/CD11085）5 项标准正在稳步推进；《谷物、油料和豆类——单向气流穿过散粮的单位压力损失测定》（ISO4174:1998）、《谷类研磨制品——脂肪酸的测定》（ISO7305:1998）、《小麦——用电泳法进行品种识别》（ISO8981:1993）、《小麦粉及杜伦麦颗粒粉——动物源杂质的测定》（ISO11050:1993）、《大米——蒸煮过程中米粒胶凝时间的评价》（ISO14864:1998）、《谷物和谷物制品——赭曲霉毒素 A 含量的测定——免疫亲和柱净化荧光检测高效液相色谱法》（ISO15141）6 项标准已经完成复审工作。组织专家开展了国际谷物扦样方法的研究，对测定谷物中转基因产品的扦样方法进行了研究探索，以满足国际贸易中转基因产品检验的需要。

在标准制修订过程中，秘书处积极与项目承担国、工作组召集人以及项目负责人进行联络沟通，2013 年，认真处理了 905 封往来电子邮件，以解决标准制修订中的技术分歧，发布了 35 个文件向各成员国报告标准项目进展情况。秘书处得到了更多成员国的信任，凝聚力日益增加，智利、德国、爱尔兰、埃塞俄比亚和厄立特里亚已经从观察员（Observe Member，O 成员）升级为正式成员（Participate Member，P 成员）国，澳大利亚成为 O 成员，P 成员由原来的 21 个上升到 26 个，O 成员由原来的 33 个变成了 29 个，参与分委员会国际标准化工作的队伍得到了发展壮大。

2013年4月，在加拿大温哥华成功组织召开了ISO/TC34/SC4第36届年会，讨论了17个国际标准的技术问题，形成了23项会议决议，会议决定成立豆类和玉米两个工作组，分别由加拿大和中国作为牵头国。

作为国际标准化组织谷物与豆类分委员会国内对口负责单位，在认真履行国际义务的同时，充分利用ISO平台，为我国承担国际标准制修订任务创造有利条件，进一步提升我国在国际标准化舞台上的地位和作用，为国家争取话语权，让国际标准更好地为我们服务。在《谷物和谷物制品——赭曲霉毒素A含量的测定——免疫亲和柱净化荧光检测高效液相色谱法》（ISO15141）标准复审中，发现标准在操作过程中需要使用多种有毒、异味的有机溶剂如甲苯、氯仿等，不仅对操作人员身体有毒有害，而且污染环境，同时操作过程烦琐、时间长，劳动强度大，有必要进行修改，组织专家对该标准进行了研究，并向国际标准化组织提交了修改提案。近年来，我国玉米进口增多，而玉米进口中由于产品质量问题引发的贸易纠纷、港口安全隐患时有发生。鉴于国际标准化组织目前尚无玉米国际标准的实际情况，秘书处召集了来自玉米主产区、大型国企、进出口检验检疫等方面的专家代表对有关玉米国际标准和相关国家的玉米标准进行了研究，为下一步我国争取承担制定玉米国际标准奠定了基础。

2013年，紧紧围绕保障国家粮食安全这一主题，进一步加强和扩大对外交流和合作。10月，组织来自全国10个省（区）的18位粮食质量管理和检验技术人员赴新西兰进行为期21天的“粮食质量安全监管及标准化”培训，开展对新西兰农业食品安全立法、法规标准、质量监管、检验检测、食品质量追溯、食品生产过程质量控制等内容的学习培训；11月，在北京组织召开“粮食质量安全管理及追溯制度”专题报告会， 邀请新西兰和日本的4位专家详细介绍了日本大米生产和流通相关法律、日本大米品质检验法、日本粮食安全保证、日本大米标识法、日本大米品质管理技术、日本食品安全分析技术、日本食品质量安全追溯制度、新西兰食品质量安全控制体系的构成及作用、新西兰食品质量安全追溯制度体系及追溯方法和手段、新西兰食品质检体系的构成、新西兰食品质量保证体系等。通过开展“请进来、走出去”的对外交流和合作，为我国吸收发达国家成功经验，完善我国粮食安全体系，提供了很多的启示和多方位的借鉴。

二 收获粮食质量和品质状况

2013年，国家粮食局继续组织开展小麦、稻谷、玉米、大豆和油菜籽等主要粮食油料品种收获质量调查和品质测报工作。在粮食产量较大的省份，新粮收获后第一时间采集农户样品进行集中会检。会检工作共采集检验样品7957份，获得检验数据8.7万个，涉及20个省200多个市的800多个县（区），基本掌握了新收获粮食的质量状况，并将结果通报各地粮食行政管理部门，为指导粮食收购发挥了重要作用。

19个省（区）的粮食行政管理部门组织开展了

本区域粮食收获质量调查工作，共计采集检验样品2.3万份，扦样范围累计涉及这些省（区）207个市的超过1000个县（区），获得检验数据23.4万个；14个省（区、市）的粮食行政管理部门组织开展了品质测报工作，共采集检验样品8061份，扦样范围累计涉及14个省151个市700多个县（区），获得检验数据13.5万个。质量调查和品质测报工作在开展省份、覆盖范围、样品数量等方面均较往年有所增加。各级粮食行政管理部门积极开展工作，丰富质量品质信息发布形式和渠道，指导当地粮食收购和种植结构的调整，社会效益明显。

(一)主要粮食品种收获质量

早籼稻：2013年，安徽、江西、湖北、湖南、广东、广西6个早稻主产省（区）会检共采集检验早籼稻样品621份，样品覆盖这些省（区）的59个市174个县。会检结果表明，6个省（区）早籼稻整体质量基本正常。受干燥气候影响，各省不完善粒均为近年来最少，有利于出糙率的提高；但部分地区水分较低，对整精米率产生一定影响。安徽整体质量为近年来较好水平。江西、湖北等级比例为近年来最好，但整精米率有所下降。广东等级比例正常，整精米率下降。湖南、广西基本正常。

6省全部样品检测结果为：出糙率平均值77.9%，一等至五等的比例分别为29%、43%、22%、4%、1%，等外品为1%，中等（三等）以上的占94%，各等级比例均与上年基本相当。整精米率平均值58.1%，其中不低于50%的比例为83%，不低于44%的比例为91%，为近年来较低水平。不完善粒主要是未熟粒，平均值3.7%，为近年来最少。

各省自行开展的调查结果显示，浙江全省中等以上比例为95%，整精米率平均值为54.7%，均与上年基本持平；福建中等以上比例为98%，整精米率平均值为57.2%。

中晚籼稻：安徽、江西、河南、湖北、湖南、广东、广西、四川8个中晚籼稻主产省（区）会检共采集检验样品1636份，样品覆盖8个省（区）的91个市353个县。会检结果显示，8省（区）中晚籼稻总体质量良好，整精米率正常，但中等以上比例较低，不完善粒较多。其中，四川整体质量为近年来最好水平；江西、广东、广西整体质量正常；湖南整体等级比例正常，但整精米率水平有所下降；安徽、河南、湖北为近年来最低水平。

8省（区）全部样品检测结果为：出糙率平均值77.5%，一等至五等的比例分别为23%、44%、22%、7%、3%，等外品为1%，中等以上的（出糙率在75%以上）占89%，为近年来最低，较正常年景下降约5个百分点。整精米率平均值60.3%，其中不低于50%（一等）的比例为88%，不低于44%（三等）的比例为94%，均属正常水平。不完善粒含量平均值5.1%，为近年来最多。谷外糙米含量平均值0.4%，超标（大于2.0%）比例2%。

浙江、福建、贵州3省（区）调查结果显示：浙江中等以上的比例为99%，整精米率平均达到61.1%，均与上年基本持平；福建中等以上的比例为98%，整精米率平均为58.7%，均较上年略有提高；贵州中等以上的比例为67%，较上年下降约25个百分点，整精米率平均为52.8%，也较上年略有下降。

粳稻：辽宁、吉林、黑龙江、江苏、安徽5个粳稻主产省会检共采集检验样品866份，样品覆盖5

个省47个市的136个县和农垦总局6个分局。会检结果显示，2013年粳稻总体质量为近年来较好水平，各地一等品比例均较高，平均近七成，较正常年景提高超过二成；整精米率和不完善粒水平正常。其中，东北三省一等品比例较正常年景提高10～25个百分点；江苏、安徽也延续了上年一等品比例较高的表现，保持在九成左右，但江苏整精米率有所下降，谷外糙米含量增加。

5省全部样品检测结果为：出糙率平均值81.7%，变幅71.7%～85.7%；一等至五等的比例分别为69%、23%、5%、2%、1%，中等以上占97%，其中一等品比例为69%，较正常年景提高约25个百分点。整精米率平均值68.8%，变幅11.0%～77.0%；不低于61%（一等）的比例为93%，不低于55%（三等）的比例为98%。不完善粒含量平均值3.3%，变幅0.3%～22.9%，主要为未熟粒和病斑粒。谷外糙米含量平均1.1%，超标比例16%。

浙江、宁夏两省（区）调查结果显示：浙江中等以上的比例为95%，平均整精米率为67.5%，均较上年有所下降；宁夏中等以上的比例为97%，平均整精米率为56.4%，均与上年持平。

小麦：河北、山西、江苏、安徽、山东、河南、湖北、四川、陕西9个小麦主产省会检共采集检验样品1998份，样品覆盖9省的89市418个县。会检结果表明，9省小麦容重、千粒重和等级比例总体正常，但受收获期间阴雨气候影响，除山东、四川外，其他地区不完善粒（主要是生芽粒）均较正常年景偏高。分省看，河北、山东、山西、陕西4省今春以来特别是小麦返青期间遭遇低温或干旱气候，部分地区在小麦灌浆期间还遇到阴雨天气，小麦整体质量为近年来最低，等级下降明显；安徽、湖北容重和等级比例为近年来最好水平；江苏、河南容重和等级比例基本正常；四川整体质量为近年来最好水平。

9省全部样品检测结果为：容重变幅684～834 g/L，平均值775 g/L，与上年持平，一等至五等的比例分别为28%、38%、22%、8%、3%，等外品占1%，中等（三等）以上的占88%，各等级比例与上年基本相当。千粒重变幅24.7～57.4g，平均值39.6g，与上年持平。硬度指数变幅34～80，平均值63。不完善粒平均值6.4%，较上年明显增加，主要是生芽粒增多，不完善粒符合国标要求（≤10%）的比例为84%。降落数值变幅62～413s，平均值240s，较上年明显下降。

玉米：河北、山西、内蒙古、辽宁、吉林、黑龙江、山东、河南、陕西9个玉米主产省（区）会检共采集检验样品2216份，样品覆盖9个省（区）的98个市的464个县和农垦总局的7个分局。会检结果显示，2013年全国新收获的玉米质量整体较好，但由于产后受异常气候、农户储粮方式、品种等影响，东北地区玉米生霉粒比例较高，部分地区还出现玉米色变粒，导致玉米质量下降。

2013年全国玉米总体收获质量等级为近年来最好，几乎全部为中等以上，其中一等品比例接近八成，较正常年景提高约两成；不完善粒含量正常。分省看，河北、内蒙古、辽宁、山东、河南整体质量均为近年来最好，一等品比例明显提高；山西、吉林、陕西也为近年来较好水平；黑龙江质量正常。

9省（区）全部样品检测结果为：百粒重平均值33.0g，变幅19.0g～48.6g。容重平均值735 g/L，较正常年景提高超过10 g/L，为近年来最高，变幅618～798 g/L；一等至三等的比例分别为78%、16%、6%。不完善粒含量平均值3.1%，最大为31.2%，符合中等要求的比例为94%；其中，生霉粒平均值1.2%，超过5%的比例只有不到3%，属于正常年景。

由于东北地区的农户在玉米收获后普遍习惯于将玉米随意堆放在地里，形成"地趴粮"。2013年玉米收获后期雨水偏多，气温较往年偏高，导致农户玉米生霉粒大幅增加。对此，国家粮食局及时采取有效措施，组织专家小组深入受灾乡村农户指导分类选棒、科学储粮、提质增收，编印下发了农民科学储粮指导手册，并录制农户科学储粮宣传短片，宣传引导农民科学储粮，减少产后损失。

广西、贵州两省（区）调查结果显示：广西一等以上的比例为95%，平均不完善粒为5.3%；贵州一等以上的比例为86%，平均不完善粒为2.0%。

大豆：吉林、黑龙江、内蒙古3省（区）会检共采集样品253份，涉及3省（区）的18个市54个主产县和农垦总局的4个分局。会检结果显示，2013年，3省（区）大豆整体质量较好，完整粒率较高，损伤粒较少。

3省（区）全部样品检测结果为：完整粒率平均值为89.2%，与上年持平，变幅71.8%～98.5%，一等至五等的比例分别为16%、36%、27%、11%、8%，等外品为2%，中等以上的占79%，与上年持平；损伤粒率平均值为6.0%，变幅0.2%～27.5%，其中符合等内品要求的（不大于8%）比例为76%，为近年来最好。

（二）优质（优良）和专用粮食品种品质状况

早籼稻：湖北、广东两省主要种植的优质（优良）早籼稻品种，全项目符合国家优质籼稻标准的比例，湖北为2.6%，与上年持平；广东为15.4%，较上年提高7个百分点，食味品质、出糙率、胶稠度、直链淀粉含量等各项指标达标率均较上年有所提高。

中晚籼稻：浙江、福建、湖北、广东4省主要种植的优质（优良）中晚籼稻品种，全项目符合国家优质籼稻标准的比例，浙江5.8%，较上年降低12.6个百分点，除整精米率外，其他品质指标达标率均较上年有所下降；福建为19.1%，较上年提高8.3个百分点，垩白粒率达标率较上年明显提高；湖北为1.2%，较上年再次降低5个百分点，垩白度大、垩白粒多限制了优质达标率；广东为55.4%，较上年再次提高10个百分点，多项品质指标达标率较上年同期有所提升。

粳稻：辽宁、吉林、江苏、浙江、宁夏5省(区)主要种植的优质（优良）粳稻品种，全项目符合国家优质粳稻标准的比例，辽宁为47%，较上年下降22个百分点，垩白度明显增加是影响达标率的主要原因；吉林为46.7%，较上年略有提高；浙江为5.3%，较上年大幅下降35.3个百分点，垩白度、直链淀粉含量单项达标率均下降超过30个百分点，垩白粒率、不完善粒达标率也明显下降；江苏为16.2%，较上年提高超过10个百分点，胶稠度、垩白度达标率明显提高；宁夏为30%，较上年提高两个百分点，直链淀粉含量达标率较上年明显提高，食味品质、垩白度、垩白粒率达标率与上年持平，整精米率达标率只有30%，较上年下降8个百分点，是限制优质稻谷达标率的主要因素。

小麦：各省主要种植的优质（优良）小麦品种，全项符合国家优质小麦标准的比例，江苏为14.5%，较上年大幅提高，湿面筋含量明显增加；河南为3.6%，较上年下降超过20个百分点；湖北为13.2%，较上年下降4.4个百分点；陕西为4.8%，较上年略有提高。

玉米：河北、山西、内蒙古、辽宁、吉林、黑龙江、山东、河南、陕西9省（区）样品淀粉含量平均值72.6%，变幅69.4%～77.2%，符合淀粉发酵工业用玉米国家标准（GB/T8613－1999）中等（不低于72%）以上要求的比例为56%；粗蛋白质含量平均值9.0%，变幅6.1%～11.8%；粗脂肪含量平均值4.2%，变幅2.7%～6.8%。

大豆：吉林、黑龙江、内蒙古3省（区）会检样品粗脂肪、粗蛋白含量平均分别为19.1%（干基，下同）和38.5%，均与上年基本持平，符合高油大豆三等标准（粗脂肪含量≥20%）和高蛋白大豆三等标准（粗蛋白含量≥40%）的比例分别为13%和12%，均较上年有所提高。

三 粮食质量安全监管体系建设

2013年，全国粮食质量安全工作紧紧围绕李克强总理关于“守住管好‘天下粮仓’，做好‘广积粮、积好粮、好积粮’三篇文章”的重要讲话精神，按照“机构成网络、监测全覆盖、监管无盲区、系统无风险”的工作目标和《2013年粮食质量安全重点工作》部署，坚持稳中求进，积极破解难题，粮食质量安全工作力度明显加大，工作作风更加扎实，各项工作取得了新成绩，有力维护了粮油质量安全和粮食生产者、经营者、消费者的合法权益。

(一)认真履行粮食质量监管与公共服务职责

1.强化政策性粮食质量安全监管

为确保政策性粮食质量安全，各级粮食部门严把政策性粮食的入、存、出“三关”，做好隐患排查、案件查处工作。在储粮企业实行专人管理、专仓储存、专账记载、日常监测的基础上，各级粮食部门通过定期开展春、夏、冬季三次粮油普查或春秋两季储粮安全检查及不定期抽查等方式，对储存粮食质量、储存品质和原粮卫生情况进行动态监控，确保各级储备粮数量真实、质量良好、储存安全。北京在货位平仓整理后，由市粮油检验所进行平仓检验，有效杜绝了不合格的粮食进入储备，连续6年实现了宜存率100%；黑龙江16个挂牌机构争取到2013年国家政策性粮食收购质量验收承检工作任务；湖北、广东等省进一步加强了外购粮食的质量安全监管工作；宁夏由财政专项资金用于自治区储备粮油轮换入库验收检验等，不向被检单位收费。2013年全国库存粮食质量安全抽查结果显示，库存粮食质量总体良好，但个别库点存在水分、杂质、不完善粒较高等储粮安全隐患，少数粮食受到真菌毒素、重金属等污染。此外，山西、内蒙古、吉林、上海、江苏、湖北、四川、云南、宁夏等省（区、市）粮食部门还积极开展或配合开展市场粮油质量安全监管，发挥了行业主管和指导作用。辽宁圆满完成“世园会”和第十二届“全运会”用粮质量安全监管任务；江苏省常州市积极开展“花博会”期间餐饮单位粮食质量巡查抽样工作；四川认真做好“4·20”芦山地震、“7·10”洪涝泥石流灾害救灾粮食供应质量安全把关工作。

2.积极开展收获粮食质量安全监测工作

2013年，国家粮食局组织各省级粮食部门结合区域粮食种植面积、种植品种和收获季节等实际情况，开展收获环节粮食的常规质量、内在品质及卫生项目监测工作。通过深入农户采样，并对粮食种植、生产和收获期间的农药施用、环境污染、气候条件和是否霉变、病虫害等情况进行调查等方式，在全国240个市860个县（区）采样近万份，获得检验数据近10万个，及时掌握了各地新粮的质量安全状况，为指导粮食收购、执行质价政策提供了重要依据。辽宁省在监测中对超标样地块进行连续监测，对超标地区粮食进行全程跟踪监管的做法，为国家食品安全风险监测工作提供了借鉴经验。江苏省绘制了江苏粮食质量电子地图，逐步实现监管监测电子化，并在秋粮收购前完成稻谷质量预测报告，提供了收购指导时效性。云南省出台了《云南省粮食质量安全监测和品质测报系列项目财政预算资金标准》，为开展粮食质量安全监测检验工作提供了重要保障。针对河南小麦生霉、江苏稻谷谷外糙米超标、东北玉米生霉粒超标、玉米色变粒等粮食收购质量异常事件，各地部署早、动作快，黑龙江购买了流动检测车进行实时检查，内蒙古与质检机构签署任务责任书，由于措施得力，未发生影响粮食收购、造成市场波动的情况。为更好地服务“三农”，河南、湖北等粮食部门还通过召开新闻发布会、媒体发布或政务网站公布等形式向社会提供粮食质量信息。

(二)粮食质量安全监管责任和企业主体责任进一步增强

1.推进监管重心下移，落实粮食质量安全属地监管责任

全国省级和部分市级粮食行政管理部门建立了粮食质量安全监管协调机制，明确了粮食质量安全监管职能处室，形成了粮食质量安全工作有人抓、有人管、有人负责的监管格局。积极推进落实属地管理责任，将本行政区域内各种性质原粮和政策性成品粮油的质量安全纳入监管范围。山西明确了各级粮食部门质量安全属地监管职责；福建提出各级粮食部门要按照“管业务必须管质量”、“一岗双责”的要求，落实监管责任；湖南印发了《关于湖南省粮食局粮食质量安全监管工作职责分工的通知》；河南编制发放了《河南省粮食质量工作手册》。

2.加强督促检查，建立目标考核机制

为进一步督促粮食质量安全工作，检查监管责任落实情况，国家粮食局定期对各省（区、市）落实粮食质量安全重点工作情况进行考核评价并通报。2013年，对各省（区、市）粮食行政管理部门落实《国家粮食局关于做好2013年粮食质量安全重点工作的通知》的有关情况进行了考评，考评采取各省（区、市）自查并报送自查报告和国家粮食局

派员现场抽查的方式进行。考评结束后，国家粮食局对被评为“2013年度全国粮食质量安全监管工作考核优秀单位和优秀个人”进行了全国通报表彰。浙江、河南、湖北、湖南、广东将粮食质量安全监管作为年度目标责任考核管理的重要内容；北京、河南、广西、陕西启动了对市级粮食部门质量安全监管工作的考评工作；广东省政府还将粮食质量安全监管纳入各级政府、有关部门今后五项重点工作之一。

3.落实质量安全主体责任

各级粮食行政管理部门通过宣传教育、营造氛围、加强督查，进一步指导粮食经营企业坚持质量第一的方针，严格遵守国家有关法律法规及政策、标准，自觉执行粮食出入库质量检验制度、索证索票制度和质量安全事故报告制度，规范建立粮食经营台账和粮食质量档案，增强粮食质量安全责任意识和服务意识，完善企业内部质量管理制度，加强自律，诚信经营，树立形象。山西为98%的企业建立了质量信息档案，11个市和60%以上的县实行了电子化管理；辽宁、上海、江苏、浙江等省（市）粮食局规范了粮食收购经营者检验能力的认定程序；浙江将粮油质量安全管理纳入“星级粮库”评定考核内容；江苏、浙江、湖北、湖南、广东、陕西、宁夏等省（区）粮食部门与粮油经营者签订质量安全责任状或承诺书，增强企业主体责任意识。

(三)粮食检验监测体系整体实力显著提高

2013年，各级粮食行政管理部门抢抓机遇，按照《全国粮食质量安全监测能力“十二五”建设规划（2011－2015年）》要求，上下互动、多措并举，着力推进粮食质量安全检验监测体系建设，为粮食质量安全监管提供了坚强有力的技术支撑和保障。

1.全面加强体系建设

2013年，各地粮食部门重点推进了粮食主产地区及薄弱地区和不平衡地区的体系建设工作。截至2013年年底，全国粮食系统共有专业粮食检验机构763个，其中省级机构32家，市级机构284家，县级机构447家，已取得计量认证的429家。在新增机构编制比较困难的情况下，河北、山西、辽宁、黑龙江、浙江、安徽、河南、湖北、湖南、广东、广西、四川、云南、西藏、甘肃等省（区），全年新增检验机构56家，其中市级30家，县级26家。还有27家机构转变为全额拨款事业单位。粮食质检队伍专业素质水平也不断提高，目前全国粮食质检机构在岗人员5000余名，其中专业技术人员近4000名，中级职称以上的占42%。各级检验机构全年检测样品近32万份，为确保国家粮食质量安全、维护粮食流通秩序起到了重要作用。

2.大力加强粮食检验能力建设

按照国务院关于加强食品安全监测能力建设的要求，各级粮食行政管理部门积极争取财政资金，加强监测机构的仪器设备投入和基础设施建设。2013年国家发展改革委下达粮食质量安全检验监测能力建设项目中央预算内投资1亿元，地方配套1亿元。天津、黑龙江、安徽、江西、湖南、重庆、贵州、西藏、青海、宁夏等省（区、市）及新疆生产建设兵团已全面完成项目可行性研究报告批复及资金申请报告编制工作。河北、吉林、江西、山东、云南等省按要求及时报送了项目建设进度。河北、吉林、黑龙江、江西、山东等省仪器设备基本到位。黑龙江省积极争取到省级统一配套项目建设资金2900余万元，“一揽子”解决了各项目单位地方配套资金问题。截至2013年年底，全国粮食检验机构办公场所和实验室总面积达37万平方米，现有检验仪器设备（单价2000元以上）2.3万台套，总价值达10亿元。粮食检验监测机构布局和检验检测技术资源配置得到进一步优化，各级监测机构充分发挥粮食质量安全技术服务和前哨作用，积极开展检验监测、社会公共服务和基础研究等工作，成为加强粮食质量安全监管的重要基础性技术力量。

3.进一步提升检验队伍技术水平

2013年，国家粮食局组织省级粮食质量监测中心开展了粮食中真菌毒素项目测定的现场比对考核工作。各省（区、市）加强对行政区内各级粮食检验机构的技术管理和培训考核，全年共培训质检人员近1万人次，粮食质检从业人员的技术水平和执业素质得到显著提升。天津还研究编制了《天津市级储备粮油承储库化验室标准》，规范和提升全市承储库化验室水平；江苏提出实施“1440工程”，根据区域特点打造区域重点检测中心。江苏省无锡市粮食局质监站，是全国唯一市政府直接赋予行政执法权的粮食质检机构，既是参公管理单位，又挂粮食执法支队的牌子。

(四)扎实开展食品安全和科普宣传

开展粮食质量安全宣传，是提高社会公众的粮食质量安全意识和认知水平，增强粮食经营者的法治观念和诚信意识，实现全民参与社会共治的有效途径。2013年，国家粮食局进一步加强粮食质量安全宣传工作，根据国务院食品安全办的部署要求，与国务院有关食品安全监管部门共同配合开展食品安全宣传周活动，并认真组织粮食局主题宣传日活动，通过开展“放心粮油”主题活动、粮油科普讲座、粮油科普展示等活动，宣传普及粮食质量安全政策法规和科普知识。地方各级粮食部门也积极开展形式多样、内容丰富的粮食质量安全宣传和科普教育，努力营造人人关注粮食质量安全的社会氛围，对粮食质量安全监管工作起到了积极的推动和促进作用。

第八部分
粮食流通与科技发展

一 “粮安工程”启动与实施

为贯彻落实党中央、国务院关于切实保障国家粮食安全的一系列重要指示精神，按照《国家发展改革委关于印发国务院2013年专项规划审批计划的通知》等要求，为守住粮食流通工作的底线，在有关部门和地方政府支持下，国家粮食局启动实施了“粮安工程”（即“粮食收储供应安全保障工程”的简称），成立了“粮安工程”建设领导小组，开展了重大课题研究，在广泛调研和组织各省（区、市）编制地方《“粮安工程”建设规划》的基础上，会同国家发展改革委、财政部等有关部门编制了《“粮安工程”建设规划（2014—2020年）（送审稿）》（以下简称《规划》）。

（一）《规划》编制背景

近年来通过实施粮油仓储设施建设方案和粮食现代物流发展规划，粮食仓储物流设施条件不断改善，宏观调控能力不断增强，为保障国家粮食安全打下一定基础。但是，现代粮食收储供应安全保障体系尚未完善，随着粮食产量增加和粮食市场变化，粮食收储仓容能力严重不足、物流通道不畅、应急供应能力薄弱、质量安全隐患较大、粮情监测预警滞后、产后损失浪费严重等问题依然存在，给国家粮食安全带来严峻挑战。

为坚决守住“种粮卖得出，吃粮买得到”的底线，确保不出现农民卖粮难，确保不发生粮食供应脱销断档，国家粮食局提出抓紧实施粮食收储供应安全保障工程，包括建设粮油仓储设施、打通粮食物流通道、完善应急供应体系、保障粮油质量安全、强化粮情监测预警、促进粮食节约减损等六个方面的内容，以全面提升粮食收储和供应保障能力，保障国家粮食安全。实施“粮安工程”是粮食流通工作的“守底线”工程。

（二）《规划》定位和简要内容

《规划》的定位：一是立足守住粮食流通工作的底线；二是着眼全面建成小康社会对确保国家粮食安全的新要求；三是着力突出十八届三中全会全面深化改革精神的新要求。

第一部分：明确指导思想，确立目标布局。由前言和第一章组成。第一章提出了《规划》的指导思想、基本原则、总体目标、区域布局和进度安排。按照统筹兼顾、重点突破，急需优先、梯次推进的要求，建设分为三个阶段，应急建设期（2014—2015年）、整体推进期（2016—2017年）、全面建成期（2018—2020年）。第二部分：明确六大建设任务，全面提升粮食收储供应安全保障能力。由第二章至第七章组成。第二章，建设粮油仓储设施，将原《粮油仓储设施建设方案》剩余7年完成的2175万吨仓容建设任务缩短到3年左右完成。第三章，打通粮食物流通道，主要指“北粮南运”三大主通道，加强粮食主要流入通道建设特别是西南、西北通道，使粮食物流成本下降，运输通畅。第四章，完善应急供应体系，包括城乡居民粮食应急供应、配送、加工和军粮供应网络布局，构建现代粮食应急保供体系。第五章，保障粮油质量安全，按照《粮食质量安全检验监测能力“十二五”建设规划》，建设一批国家粮食质量安全检验监测机构、质量安全风险监测点，构建粮食质量安全追溯体系。第六章，强化粮情监测预警，建设粮情信息采集平台，构建粮情监测预警分析系统，推进核心业务信息系统建设。第七章，促进粮食节约减损，实施《“十二五”农户科学储粮专项建设规划》。推进减少粮食流通各环节损失浪费，引导适度加工，淘汰落后产能，加强加工节粮技术改造，推进粮油科学健康消费。第三部分：明确投资来源，完善政策保障措施。

(三)各地实施“粮安工程”成效显著

各省级粮食局和中粮集团有限公司、中国储备粮管理总公司、中国中纺集团公司3家中央企业也都高质量地完成了规划编制工作，特别是江苏、河南、湖北、广西、重庆、西藏、陕西、宁夏、新疆等省级政府出台了推进“粮安工程”建设的意见。

二 粮食流通基础设施和物流体系建设

2013年，各地认真贯彻落实中共十八大和十八届二中、三中全会精神，积极开展粮食流通基础设施建设工作，取得了显著成效。2013年度全国粮食流通基础设施建设项目总投资801亿元，其中，中央财政资金60亿元，地方财政资金149亿元，企业自有资金395亿元。年度完成投资247亿元，其中，中央财政资金32亿元，地方财政资金55亿元，企业自有资金119亿元。

(一)加快推进粮食现代物流发展

2013年度全国粮食现代物流项目完成投资62亿元，长江流出通道所占比重最大，其次是华南、黄淮海和东北通道，最小为京津通道。新建粮食专用码头泊位41个，能力1564万吨；新建铁路专用线24千米，其中有效长度14千米；新建铁路罩棚19万平方米；新增散粮接收能力2.9万吨/小时，发放能力2.3万吨/小时；新增烘干能力8947吨/小时；新增散粮汽车574辆，散粮火车皮6节，散粮船舶2艘。其中，中央财政安排补助投资6.785亿元，用于支持八大跨省粮食物流通道粮食现代物流项目建设。

表8-1 粮食物流项目各通道年度完成投资情况表

通 道	年度完成投资（亿元）	比 重（%）
合 计	62.3	100.0
东北流出通道	7.9	12.6
黄淮海流出通道	8.5	13.7
长江流出通道	18.4	29.6
华东沿海流入通道	6.7	10.7
华南沿海流入通道	9.3	14.9
京津流入通道	1.4	2.3
西南流入通道	4.9	7.9
西北流入通道	5.2	8.3

为加快推进散粮火车入关运营，打通“北粮南运”主通道，国家粮食局积极沟通协调有关部门开通了“吉林白城—安徽蚌埠”和“吉林松原—湖南岳阳”散粮火车运输线路，以及“辽宁开原—四川青白江”铁路集装箱散粮运输试点。为加强粮食现代物流企业规范化建设和管理，国家粮食局研究制定了《国家级粮食现代物流示范单位管理暂行办法》，并启动示范单位申报和遴选工作，遴选出14家全国粮食现代物流建设示范单位。

(二)加强粮食仓储设施建设

2013年度全国粮油仓储设施项目年度完成投资138亿元，新建仓容2204万吨，包括平房仓1704万吨，立筒仓226万吨（其中钢板筒仓32万吨），浅圆仓120万吨，其他仓型154万吨。上述仓容中成品粮应急储备仓83万吨；新建储粮罩棚144万平方米；新建油罐129万吨；维修改造仓容2387万吨（其中大修仓容835万吨）；新增烘干能力8947吨/小时；新建地坪524万平方米；新建办公、业务用房82万平方米。其中，中央财政安排补助投资10亿元，用于建设粮食储备仓容和储备油罐；中央财政安排补助投资6.6亿元，在东北三省一区及安徽、江西、湖南、湖北、四川等主产区建设储粮罩棚400万吨。为解决我国粮食连续十年丰收后主产区收储烘干能力不足的矛盾，确保最低价收购政策的顺利执行，国家加大“危仓老库”维修改造力度，安排10亿元中央补助投资，用于全国26个省（区、市）的粮食收储库点的仓房维修改造，并重点突出粮食主产区。

(三)强化粮油质量检验监测能力建设

在2012年安排中央补助投资3亿元的基础上，2013年度国家再安排中央补助投资1亿元，为45个检验机构配置粮食检验检测仪器设备。项目建设当年共完成投资3.2亿元，新增检化验设备6831台套，有效提升了全国粮食质量安全检验监测能力和水平。

(四)继续推进农户科学储粮专项建设

2013年，中央财政安排补助投资5亿元，为全国23个省（区、市）的171.4万农户配置标准化储粮装具。全部装具可存储粮食约300万吨，每年可减少储粮损失18万吨左右，可为农户增收约3.7亿元，减损增收效果显著。

(五)组织开展粮食系统对口援助工作

继续做好全国粮食系统对口支援西藏和新疆工作，积极沟通协调各支援省（区、市）粮食局和中央企业加大工作力度，落实有关项目和资金援助，取得阶段性成果。为促进安徽振兴、中部崛起，国家粮食局和安徽省人民政府签订了共同推进安徽现代粮食流通产业发展战略合作协议；为贯彻落实《国务院关于支持赣南等原中央苏区振兴发展的若干意见》《国务院办公厅关于印发中央国家机关及有关单位对口支援赣南等原中央苏区实施方案的通知》精神，支持江西省于都县及赣州市粮食流通工作发展，制定了《国家粮食局关于支持江西省于都县及赣州市粮食流通工作发展的实施方案》；为贯彻落实《国务院办公厅关于同意深入推进毕节试验区改革发展规划的函》精神，制定了《国家粮食局办公室关于支持毕节试验区粮食流通工作加快发展的指导意见》，并加以实施。

三 粮油仓储行业管理

2013年，粮食仓储管理工作稳步推进。粮油仓储单位备案工作取得重要进展，粮油仓储信息化建设进程加快，粮食识别代码标识制度及标准体系初步建立，“智慧粮食”建设工作启动实施。粮食行业安全生产工作基础进一步夯实，开展安全生产大检查“百日行动”，创新监督方式方法，发现和消除了一批安全隐患，涉粮企业安全生产环境进一步改善。

(一)粮油仓储单位备案制度得到落实

2009年，国家发展改革委发布《粮油仓储管理办法》（以下简称《办法》），建立了“粮油仓储单位备案制度”。《办法》规定凡是进入粮油仓储市场的企业，必须达到一定的条件，并到地方粮食行政管理部门（省、市、县级粮食局均可）备案，通过备案的单位方可开展粮油仓储业务。截至2013年12月底，全国已有28个省（区、市）开展了“粮油仓储单位备案”工作，完成了对19197户粮油仓储企业的备案，备案企业数量占2013年度粮油仓储设施入统企业数量的98.5%。备案仓容3.7亿吨、罐容1507万吨。通过粮油仓储单位备案工作，进一步密切了地方粮食行政管理部门特别是县级粮食行政管理部门与粮食企业的联系，提升了粮油仓储企业特别是新进入仓储市场的小型民营企业的仓储管理能力，夯实了“确保库存粮油数量真实、质量良好、储存安全”的基础。

(二)粮食行业安全生产工作基础进一步夯实

1.成功应对和处置粮食行业突发事故及灾害

2013年粮食行业发生多起突发事件、事故，如：中储粮林甸直属库火灾事故、黑龙江萝北县肇兴防汛险情、四川芦山地震灾情等，国家粮食局高度重视，第一时间派员赶赴现场、协调救灾、抢运粮食，成功处置了险情，避免了损失扩大。在资源调动、信息报送、措施制定等方面都积累了有益的经验。

2.组织开展了安全生产大检查“百日行动”

根据国务院的统一安排，2013年粮食企业开展了安全生产大检查“百日行动”。活动期间，按照“四不两直”的方式，加强了对地方和企业的检查指导，基本做到了安全生产大检查“全覆盖、零容忍、严执法、重实效”。“百日行动”期间，各级粮食部门共开展安全生产专项检查23371次，检查企业41932户，累计发现安全生产隐患39829项，其中32257项已经完成整改，其他隐患正在进行整改或已采取了监管措施。

3.组织召开了“粮食行业安全生产大检查‘百日行动’中期督查会议”

会议对露天囤垛防火改造、空气呼吸器使用、平房仓系留装置、输送机配电箱及插座绝缘处理、消防演练、药品库管理等9个方面容易发生安全生产事故的重点环节的安全技术与安全措施进行了示范展示，组织各地观看“粮食行业安全生产典型事故案例警示片”，增强了各地做好行业安全生产和“百日行动”工作的主动性。专门组织安排与会代表参观了作为安全生产示范库的中央储备粮松原直属库。来自粮食主产省及广西、重庆、贵州、陕西、新疆等省（区、市）粮食局、中国储备粮管理总公司、中粮集团有限公司，以及国家安全生产监督管理总局的代表约50人参加了此次会议。

(三)粮油仓储管理标准规范进一步完善

1.加强重点领域仓储管理工作，确保露天储粮消防安全和储粮安全

2013年，国家粮食局先后5次赴黑龙江对露天储粮消防安全进行调研检查，3次召开专家会议研究露天储粮消防工作。与中储粮总公司联合向财政部申请露天储粮费用补贴，财政部同意将露天储粮费用补贴标准从70元/吨提高到117.35元/吨。建立了露天储粮防火改造月度统计制度，加强对地方和中央企业露天储粮防火改造进展情况的监督检查指导。与国家发展改革委等4部门联合下发文件，制定《新型露天储粮设施搭建方案》，并强化监督检查，督促指导东北地区露天储粮企业严格按照有关标准规定搭建露天储粮囤（垛），加快老露天囤（垛）的防火改造，加强露天储粮区消防管理、储粮管理、安全生产管理等，确保露天储粮安全。

2.粮油仓储相关标准规范不断完善

2013年，协调推进了国标《粮食储藏技术规范》的发布实施。国家粮食局2013年公益性科研专项已将《露天储粮技术规程》标准编制列入项目，有关单位已着手起草。

四 粮食行业信息化

(一)粮油仓储信息化建设

2013年，为贯彻落实国家粮食安全战略，完善粮食流通管理机制，国家粮食局启动了“库存粮食识别代码”试点工作，提出了“智慧粮食”建设思路，完成了“国家粮食局粮油仓储地理信息系统”项目的招投标和初步设计工作。各地粮食行政管理部门和粮食企业顺应信息时代新变化和现代粮食流通产业科学发展新要求，按照国家粮食局下发的《粮油仓储信息化建设指南》和《大力推进粮食行业信息化发展的指导意见》，结合当地实际，制定信息化发展规划，勇于探索实践，掀起了信息化建设的高潮。

1.各地信息化建设进程明显加快

一些重点领域的信息化应用逐步推开，电子政务建设取得明显成效，粮油仓储领域信息化建设得到加强。无论是发达地区，还是欠发达地区，都在信息化建设方面进行了有益的探索和实践，粮食信息化建设呈现由点到面、逐步推开的良好态势。已有16个省份（单位）累计投入资金6915.31万元用于粮食行业信息化建设并取得初步成效。其中：浙江、上海、江苏、河北、山东、宁夏、甘肃、贵州8个省（区、市）信息化建设总体工作开展较好，制定了信息化发展规划，开发建设了涉及电子政务、市场监测预警、应急保供、质量追溯、远程监管等信息系统，并在省市县三级信息共享方面进行了一些有益的探索。其他省份正在拟订信息化建设规划或建设方案，并抓紧推进。

2.提出了“智慧粮食”建设思路

以说全、说准、说清粮情为目标，以大数据、物联网、云计算等信息技术为依托，在总结江苏、山东等省粮食信息化建设经验的基础上，国家粮食局组织有关专家提出了“智慧粮食”建设思路。目前，正在组织专家编制“智慧粮食”可行性研究报告和标准体系。

3.粮食识别代码试点工作取得重要进展

为实现粮食流通全过程可定位、可追溯，研究建立库存粮食识别代码标识制度，2013年，多次组织相关专家到江苏、山东等重点省份进行调研，研究粮食识别代码建码规则及试点方案，探讨实现走通的路径。着手编制了《库存粮食识别代码标准》《粮食基础信息标准》等系列标准及规范。为下一步开发库存粮食识别代码软件，实现代码的生成、解码、传输奠定了坚实基础。

(二)粮食动态信息系统建设

全国粮食动态信息系统项目自2013年正式进入实施阶段以来，为确保项目建设的“先进性、实用性、安全性和保密性”，经过大量需求调研对接和多次修改完善，积极引入大数据、可视化、数据挖掘等先进技术，各标段详细设计方案通过专家评审并先后进入系统开发或施工阶段。截至2013年年底已完成15项配套标准试用稿，机房改造主体基本完工，数据处理中心正陆续搭建，业务系统开发已完成总工作量的60%以上，部分子系统已开始试用，项目建设总体有序推进。建成后的粮食动态信息系统，涵盖局本级行业管理主要的业务应用，关键信息可实现以数据、图片、录像和地理信息等多种形式展现，初步形成以全局日常核心业务为主，兼顾应急管理需求的信息管理共享平台和数据处理中心，经过分阶段建设，将在粮食信息化中发挥中枢作用，为构建“智慧粮食”奠定基础。

(三)物联网技术应用工作

获得国家发展改革委批复立项的“国家粮食储运监管物联网应用示范工程”，依托“北粮南运”，以粮食流通通道上的黑龙江、江苏和广东深圳等地，包括中储粮在内进行物联网新技术成果的应用示范。目前，技术支撑单位和建设单位攻克了粮食出入库作业及日常保管自动化、储备粮远程监管、储备粮在线常态化清仓查库、智能通风控制、虫害自动检测、磷化氢浓度在线检测、基于压力传感器的储粮数量监测、多传感器集成与数据融合等技术难题。工程建设过程中，技术支撑单位根据各建设单位的实际需求不断引入新技术，比如水源热泵低温储粮控制技术，基于智能电表、RFID出入库系统的能耗分析技术，磷化氢浓度在线检测、虫害自动检测等新型传感器及应用技术、激光测重技术等。目前已初步应用的示范库点，能够减少仓储库内作业成本30%左右，以RFID、各类传感器为代表的物联网技术实时准确直观地采集各级储备粮仓储保管情况，能够实现库区内及区域化的远程实时监管。

五 粮油加工业发展

2013年粮油加工业继续保持了平稳发展态势，结构调整进一步加快，龙头企业产业化水平进一步提高。

(一)加大产业化龙头企业支持力度

国务院印发了《关于加快发展现代农业进一步增强农村发展活力的若干意见》《关于印发循环经济发展战略及近期行动计划的通知》《国务院关于化解产能严重过剩矛盾的指导意见》，支持粮油加工业产业化和引导粮油加工业产业结构调整。国家继续通过技术改造专项资金扶持粮油加工企业，分别在东北等老工业基地调整改造、中小企业和技术改造专项中安排中央补助资金5.2亿元，扶持粮油加工业项目195个，带动投资66.3亿元。

国家粮食局积极推进研究拟定《关于促进稻

谷和小麦加工业健康发展的指导意见》，继续加强全社会粮油加工业产能监测工作，全面完成粮油加工业年报表和重点企业半年报统计，开展了产能过剩专项调查，基本掌握了产能过剩的基本特征和原因。继续修订完善粮油加工业统计指标体系，近2万个加工企业被纳入统计范围，按照“一张表”制度提出了改革加工业统计工作的措施建议。

表8-2 2013年国家出台的粮油加工政策

序号	文件名	产业类别	主要内容政策
1	《中共中央 国务院关于加快发展现代农业进一步增强农村发展活力的若干意见》(中发〔2013〕1号)	农业	培育壮大龙头企业。支持龙头企业通过兼并、重组、收购、控股等方式组建大型企业集团。 逐步扩大农产品加工增值税进项税额核定扣除试点行业范围。适当扩大农产品产地初加工补助项目试点范围。
2	《国务院关于印发循环经济发展战略及近期行动计划的通知》(国发〔2013〕5号)	粮油加工业	按照减量化、再利用、资源化，减量化优先的原则，推进生产、流通、消费各环节循环经济发展。 加快淘汰落后产能，加快推广节能、节水、节粮工艺技术和装备。优化生产工艺，实现生产过程中水和热的循环梯级利用。 推进食品加工副产物和废弃物资源化利用。粮食加工行业重点推进利用稻壳、米糠、麦胚、麸皮等副产物生产稻壳碳、米糠油、米糠蛋白、玉米油、麦胚油、膳食纤维等。 构建稻谷加工—稻壳—稻壳碳、生物质能，稻谷加工—米糠—米糠油、米糠蛋白，小麦加工—麦胚、麸皮—麦胚油、膳食纤维等产业链。 推进新建、搬迁企业和项目园区化、集聚化发展，推动各类产业园区实施循环化改造，构建循环经济产业链，实现企业、产业间的循环链接，提高产业关联度和循环化程度，促进园区绿色低碳循环发展。
3	《国务院关于化解产能严重过剩矛盾的指导意见》(国发〔2013〕41号)	工业	控制增量、优化存量，“消化一批、转移一批、整合一批、淘汰一批”过剩产能。深化体制改革和机制创新，加快建立和完善以市场为主导的化解产能严重过剩矛盾长效机制，推进产业转型升级。
4	《关于加快推进重点行业企业兼并重组的指导意见》(工信部联产业〔2013〕16号)	工业	支持农业产业化龙头企业通过兼并重组、收购、控股等方式，组建大型企业集团。培育壮大龙头企业，打造一批自主创新能力强、加工水平高、处于行业领先地位的大型龙头企业。引导龙头企业向优势产区集中，形成一批相互配套、功能互补、联系紧密的龙头企业集群，培育壮大区域主导产业，增强区域经济发展实力。
5	《关于印发〈采购东北地区2013年新产粳稻和玉米费用补贴管理办法〉的通知》(财建〔2013〕826号)	收购	鼓励销区企业到东北地区采购粮食运回关内，给予每市斤0.07元财政补贴。

续表

序号	文件名	产业类别	主要内容政策
6	《关于2013年东北地区国家临时存储玉米和大豆收购有关问题的通知》（国粮调〔2013〕265号）	收购	继续在东北启动玉米和大豆临储收购，稳定原粮收购价格。

（二）粮油加工业继续保持平稳较快发展态势，但增幅略有放缓

2013 年粮油加工业工业总产值 2.45 万亿元，产品销售收入 2.42 万亿元，利税总额 986.7 亿元，利润总额 639.6 亿元，同比增幅分别为 7.5%、7.0%、11.5%、9.2%，分别比上年下降了 11.4 个、11 个、7.5 个、10.6 个百分点。增速放缓的主要原因有：一是受国家宏观经济增速放缓和“稻强米弱”、“麦强粉弱”等的影响，粮油加工业工业总产值增速与 2013 年国家 GDP 增速 7.7% 基本一致；二是粮油加工业统计企业数量逐渐趋于稳定，统计范围进一步扩大，中小型企业数量逐年下降；三是玉米深加工业市场疲软，消费不旺；四是食用植物油加工业粕类副产品消费需求较旺，行业利润水平显著回升。

山东、湖北、江苏、安徽、广东、河南、湖南、黑龙江、河北 9 省粮油加工工业总产值过千亿元。黑龙江工业总产值首次突破千亿元。湖北成为继山东、江苏之后第三个工业总产值过 2000 亿元的省份。前 10 位的省份工业总产值合计为 1.7 万亿元，比上年增加 1370 亿元，增幅 8.7%，占粮油加工业工业总产值的 70.1%，占比比上年提高了 0.8 个百分点。

粮油加工产量继续稳定增长。大米产量 9215 万吨，比上年增加 333 万吨，增幅 3.7%；小麦粉产量 9873 万吨，比上年增加 246 万吨，增幅 2.6%；食用植物油产量 2879 万吨，比上年增加 194 万吨，增幅 7.2%；玉米加工产品产量 3571 万吨，同比增幅 3.8%；粮食食品产量 2310 万吨，同比增幅 20.1%。

（三）产业结构调整取得新成效

规模以上粮油加工企业的数量占比不断提高，小型企业数量占比不断下降。小型企业（日加工能力在200吨以下）1.37万个，占比68.9%，比上年下降了1.6个百分点；中型企业（日加工能力在200～400吨）3556个，占总数的17.9%，比上年提高了0.6个百分点；大型企业（日加工能力在400吨以上）2516个，占总数的12.7%，比上年提高了0.9个百分点。

规模以上企业的产能、产量稳定提高。食用植物油加工业、玉米加工业、饲料加工业产业集中度较高，三者产量前十位企业产品产量占比分别为48%、38%、16.8%。日处理能力400吨以上企业的产能、产量占比均在60%以上。稻谷、小麦加工业的产业规模效益明显，日产能400吨以上大型企业的产能占比分别为24.5%、56.6%，占比分别提高了1.6个、3.6个百分点，产量占比分别为33.7%、65.3%，占比分别提高了0.5个、1.9个百分点。其中，日处理稻谷200吨以上企业的产量占比63.3%，高于《粮油加工业“十二五”规划》预计“占比60%以上”目标，

日处理小麦400吨以上企业的产量占比65.3%，提前实现了规划预计“占比65%以上”的目标。

但粮油加工业产能利用率下降，初加工产能过剩矛盾依然较突出。稻谷、小麦、食用植物油加工业平均产能利用率分别为43.6%、61.1%和52.3%，分别比上年下降0.9个、2.9个、0.5个百分点。其中，稻谷加工产能过剩问题最为突出，产能利用率不到50%。

(四)玉米深加工业行业整体低速

2013年，国内经济增速放缓，淀粉、淀粉糖等产品价格下行，饲料加工产品需求不旺，一系列不利因素影响，导致玉米深加工业整体比较低迷。玉米深加工用粮量5506万吨，比上年减少28万吨，同比下降0.5%。全国玉米深加工前十位企业加工玉米2025万吨，比2012年减少8.8%，仅两家用粮比上年增长。

2013年国家继续在东北启动玉米临储收购政策，使得该地区玉米价格居于高位，当地深加工企业原料成本提高。吉林、辽宁两省玉米深加工企业亏损较为严重。

玉米深加工产品出口量回升。据海关总署统计，2013年主要玉米加工产品出口328万吨，同比增幅13.2%，增速提高了8.6个百分点。其中，味精、葡萄糖酸（钠）、淀粉糖出口量增长幅度比较大，乳酸、多元醇、酶制剂出口同比下降。

表8-3 2013年发酵工业主要产品进出口量情况

序号	分类	出口量（万吨）	同比增长（%）
合计		328	13.2
1	味 精	41	22.8
2	赖氨酸	19	3.3
3	柠檬酸	89	2.0
4	乳 糖	4.4	-2.3
5	葡萄糖酸（钠）	11.4	17.7
6	淀粉糖	123.4	17.5
7	多元醇	21.4	-4.7
8	酵 母	11	7.9
9	酶制剂	7.3	-4.2

六 主食产业化

各地认真贯彻落实国家粮食局印发的《关于大力推进主食产业化 增强口粮供应保障能力的

指导意见》，主食产业化工作扎实推进，取得了良好效果。河南、安徽、天津、陕西西安、河北石家庄、山东东营等地主食产业化发展迅猛，并在新产品开发、质量安全提升、技术装备升级、全产业链建设上进行了一系列积极有益的探索，取得了一定的成效。2013年粮食食品产量2310万吨，比2012年增加17.4%，增速远高于米、面、油等产品增幅，其中：米制主食品产量126万吨，同比增幅11.5%；速冻米面制品产量156万吨，同比增幅9.1%；杂粮主食品产量33万吨，同比增幅12.0%；面制主食品产品产量843万吨，同比下降3.4%。

(一)落实指导意见，加强主食产业化宣传和指导

一是针对部分省申请纳入试点省份和龙头企业的申请，国家粮食局研究起草了《全国主食产业化应急加工企业遴选办法》；二是组织河南省面制食品工程研究中心等科研机构在山东、河北等8省开展了主食产业化理论科技巡讲，为推进主食产业化发展起到了积极促进作用；三是加强科企对接，征集了一批主食产业化科技成果；四是加强对主食产业化典型企业的扶持力度，2013年积极协调争取“国家产业振兴和技术改造”专项，支持了全国10个主食产业化项目，中央补助投资共7.5亿元。

(二)出台相关政策文件，科学指导主食产业化发展

继2012年河南省人民政府出台《关于大力推进主食产业化和粮油深加工的指导意见》《2012–2020年河南省主食产业化发展规划》并健全省市牵头协调推进机制后，2013年8月安徽省人民政府出台《关于大力推进主食产业化的意见》。河南、安徽、黑龙江、内蒙古、江苏、江西、湖南、湖北、新疆、陕西、广西、北京等12个省（区、市）人民政府或粮食行政管理部门印发了主食产业化发展规划或实施意见，明确了工作目标、重点任务、保障措施等。

(三)财政配套支持力度大

据不完全统计，2012年以来，各地主食产业化项目共得到各级财政扶持资金3.6亿元。其中：河南省财政整合涉粮、涉农资金2亿元予以贴息，支持带动了134个主食产业化和粮油深加工项目；河北省从中央财政新增农资综合补贴和超级产粮大省奖励资金中安排1000多万元，支持5个重点主食产业化项目；湖南省在粮油“千亿产业”工程专项资金中，安排了1400多万元扶持主食产业化项目；安徽省财政从省级粮食产业化财政贴息资金中，安排了278万元支持了24个主食产业化项目。国家粮食局协调“国家产业振兴和技术改造”专项支持了全国10个主食产业化项目。

(四)积极开展试点并做好各项服务工作

广西、黑龙江、吉林等省（区）主食产业化工作起步较晚，为积累工作经验，均采取了示范企业“先行先试”、“有序推进”的探索发展模式。选择条件好、带动力强、影响力大的企业进行试点，并指导企业编制总体规划、设计方案，协助办理相关审批手续；湖北、安徽、湖南等省

粮食部门强化主食生产企业质量管理，参与主食产品地方标准的制定；陕西省粮食部门积极参与主食产业名牌产品评审，有效发挥了行业指导作用，做好行业服务、监管工作。

(五)通过“示范项目”建设实现产业模式的快速复制

河南省依托河南兴泰科技有限公司打造“主食产业化示范项目”，实现面制主食品产业化的快速布局。兴泰公司销售馒头生产设备的同时，向“合作示范企业”提供从原料筛选、产品配方到工艺流程等全方位的技术支持，达到产业模式的快速复制。目前兴泰公司已经在河南省建成永城永新、新蔡麦佳、开封天丰等12个项目，在河南省外建成哈尔滨米旗、牡丹江谷厚嘉、青岛帅睿等5个项目。

(六)加强销售供应体系建设

一是充分利用现有销售渠道，主食产品进超市。2013年河北省石家庄市已在各大型超市中设立放心馒头销售专柜343个；天津市“放心馒头”产品实现了与全市14家超市系统的对接。二是支持大型企业建立自身的配送中心和销售网点。2013年陕西省西安市爱菊集团“群众厨房”新建销售点50个，全市加工销售网点已达1048个，放心馒头市场覆盖率70%；天津津粮集团已建成900余家“放心粮油及主食品销售点”，基本覆盖市内6区和部分郊区。三是发展多渠道配送。天津实施“放心主食”与学校和机关企事业单位相对接，实行“按需批发，定时配送，直营直供”。四是创新销售模式。2013年陕西省西安市爱菊集团推进放心馒头等主食品“电商+店商”的销售模式，实行“网上购物，门店取货”，还计划在社区设立自动售货机销售馒头，树立主食产品“方便快捷”的购买新理念。五是打造中央厨房和配送中心。安徽省主食企业共建成163个主食配送中心，辐射全省3.8万个销售网点。

(七)建立农业生产基地

各地均积极探索形成“公司+基地+农户”的产业化经营模式。河南省主食生产企业与农业部门“百千万”亩小麦示范方项目合作，充分发挥农业部门科技优势，确保原料来源及品质稳定；湖南省春晖集团流转土地10万亩建立生态农业园，福娃集团投资成立福娃三丰水稻专业合作社，提高农业生产效率，有效带动了农民增收。

(八)强化质量安全和营养健康宣传

各地在主食产业化发展过程中重视产品质量安全，兼顾有质量保障的数量增长。2013年河南省粮油食品安全倡议主题日活动主题定为“打造放心粮油品牌、惠及人民幸福生活”。开展了以“放心主食”为主题的“2013年食品安全宣传周”活动，开展馒头、面条、速冻食品、油条、方便米面制品行业的综合治理和达标创优，建立储运、加工、包装、销售全覆盖的主食品安全体系。国家公众营养改善项目办公室认定周口太康县为国内首个营养强化主食推广专项试点县，并依托河南迪普森农业开发有限公司启动营养强化主食推广项目。

七 节粮减损

为贯彻落实习近平总书记关于“厉行勤俭节约，反对铺张浪费”的重要批示精神，国家粮食局高度重视，2013年印发了《国家粮食局关于粮食行业带头爱粮节粮反对浪费的指导意见》，研究拟定了《全国粮食产后节约减损专项行动工作方案》。加强了爱粮节粮宣传，在全社会培养爱粮节粮意识，推广爱粮节粮新技术和新设备等方面取得了初步成效。

（一）联合有关部门开展爱粮节粮减损系列专项行动

1.进军营专项行动

国家粮食局与总后勤部联合印发了《关于开展“粮油服务进军营、餐桌节约促强军”活动的通知》。7月下旬国家粮食局军粮中心、山东省粮食局联合开展了“粮油科技进军营”主题宣传活动，通过走访慰问部队、召开军地座谈会、举办科技讲座、赠送科普读物等方式宣传爱粮节粮。部队陆续开展了“军营餐桌节约行动知识竞赛”和“军中名厨走基层”等活动。

2.青少年专项行动

国家粮食局与教育部、中央文明办、共青团中央、中国科协共同主办了以“节约粮食、从我做起”为主题的“节粮在行动——2013年青少年科学调查体验活动启动仪式”，组织节粮体验项目、节粮实验，举办节粮论坛等。国家粮食局联合教育部印发《关于公布第二批“全国中小学爱粮节粮教育社会实践基地”名单的通知》（国粮办发〔2013〕215号），认定了第二批85个爱粮节粮教育实践基地并集中授牌，目前全国建立爱粮节粮教育实践基地95个。

3.进家庭专项行动

国家粮食局与中华全国妇女联合会印发了《关于开展“爱粮节粮进家庭”活动的通知》，在“世界粮食日”纪念活动上正式启动。

（二）节粮减损科普活动及新技术研究取得初步成果

1.成功举办粮食科技活动周

深入开展了粮食科技活动周，以河南工业大学、武汉轻工大学和南京财经大学为主会场，开展了以“科学节粮，保障安全”为主题的高校书法篆刻摄影艺术展、主题辩论赛、大学生文艺节目演出及主题海报设计评选等活动。国家粮食局联合教育部、国务院机关事务管理局向全国高校师生发出了爱粮节粮倡议书。

2.大力加强新技术研究

国家粮食局科学研究院在储粮安全、适度加工营养健康新产品开发、节粮减损加工技术和超标粮食消减技术等方面大力投入，取得了一批技术成果。如：研发的“大农户组挂式粮食干燥仓”在降低大农户粮食损耗污染、保证粮食品质等方面具有明显的社会和经济效益；惰性粉杀虫、富氮低氧气调储粮等系列化绿色储粮新技术能有效延缓储粮品质劣变、减少储粮损失；开发了全谷物速食方便粥、重组速煮杂粮米、新型多谷物冲调营养粉、稳定化全麦粉等系列产品；真菌毒素生物降解技术取得进展，对生芽及芽萌动小麦进行合理利用有重要意义。

(三)广泛加强社会宣传

1.粮食行业带头宣传引导

国家粮食局印发了《国家粮食局关于粮食行业带头爱粮节粮反对浪费的指导意见》（国粮发〔2013〕105号），动员粮食行业广大干部职工带头开展爱粮节粮、反对浪费，促进全社会树立爱粮节粮新风尚。联合中国就业培训技术指导中心等共同主办了以“节粮减损从技能开始”为主题的职业技能大赛。

2.借助媒体力量广泛宣传

在中央电视台多套栏目中报道“世界粮食日”纪念活动；在中央人民广播电台中国之声、中国乡村之声公益报时开展为期一个月的爱粮节粮和农户科学储粮宣传活动；与工信部合作，通过中国移动、中国联通、中国电信向全国广大手机用户发送“爱粮节粮、传承美德”的手机短信；在主流报刊刊载相关爱粮节粮的报道等。

3.组织开展科普宣传

组织编写并印发了7万余册《科学节粮减损 保障粮食安全》、《农户科学储粮实用知识》、《家庭储存粮油科普小知识》、《科学消费粮油小知识》、《粮油营养健康常识》，在科技活动周、“进军营”等活动中向消费者和部分官兵免费发放；在食品安全周国家粮食局主题日、“科技列车湘西行”等活动中举办节粮减损科普讲座等。

4.开展大型宣传活动

10月16日在北京大学举办了以“发展可持续粮食系统，保障粮食安全和营养”为主题的2013年“世界粮食日”暨以“爱粮节粮，传承美德”为主题的“全国爱粮节粮宣传周”纪念活动，同期对爱粮节粮征文比赛获奖作品进行了颁奖、公布了爱粮节粮教育实践基地名单等。

5.开展主题征文

国家粮食局印发了《国家粮食局办公室关于开展爱粮节粮主题征文活动的通知》（国粮办政〔2013〕204号），开展爱粮节粮主题征文、动漫征集活动，征集了一批优秀作品；联合教育部、农业部印发《关于组织开展2013年中小学生“爱粮节粮”征文活动的通知》，对优秀作品进行了评奖及颁奖。

八　粮油科技与创新发展

2013年，粮食公益性行业科研专项首次获批立项，为粮食行业科技创新可持续发展注入了强大的动力，国家粮食局成为第12个公益性科研专项管理单位，在行业应急性、培育性和基础性科研工作领域加大投入力度，不断开拓创新，以市场为导向，以产业需求为目标，构建完善产学研一体化的粮食科技创新体系。

(一)粮食公益性行业科研专项助力行业科技发展

2013年国家粮食局正式成为公益性行业科研专项实施单位，粮食公益性行业科研专项成为落实李克强总理提出的“守住管好‘天下粮仓’，做好‘广积粮、积好粮、好积粮’三篇文章”的重要举措。2013年、2014年粮食公益性行业科研专项项目，关注行业发展重点问题，集中力量形成创新攻关团队，探索粮食流通科技创新体制机制，以粮食公益性行业科研专项为契机，助力行业科技发展。

1.充分发挥专家咨询作用

按照《公益性行业科研专项经费管理试行办法》的要求，成立了包括粮食行业资深专家、院士、涉粮外系统科研单位领导组成的管理咨询委员会。粮食公益性行业科研专项在研究重点任务的选择、项目立项建议、单位选择方式等方面均突出了专家咨询作用，由专家咨询委员会提出咨询意见。公布了《粮食公益性行业科研专项实施方案》，明确了储藏、质量安全、粮食物流及装备、宏观调控保障技术和粮油加工的科研工作目标，明确了2013～2015年粮食公益性行业专项重点研究领域，并强调了粮食公益性行业科研专项的目的是推动科技创新与粮食流通产业紧密结合，着力构建以企业为创新主体、市场为导向、产学研结合的粮食社会化创新体系，培育粮食行业科技创新队伍，增强自主创新能力，形成产业发展内生动力，为国家粮食安全和产业发展提供强有力的支撑。

2.重点支持污染物消解和信息化等项目

2013年公益专项立足粮食储藏、质量安全、宏观调控、物流和加工等五方面行业需求，将粮食污染物消解研究、粮食信息化物联网技术开发、清仓查库技术等作为支持重点，并重点考虑支持了局科研院的基础性研究，共设立12个科研项目。2013年公益性行业科研专项共批复预算总额2.13亿元，专项的年度资金规模超亿元。

表8-4 2013年粮食公益性行业科研专项立项情况

项目编号	项目名称
201313001	储粮通风、临界温湿度及水分控制技术研究
201313002	储粮虫霉监测与生态控制技术研究
201313003	规模化农户储粮技术及装备研究
201313004	储粮安全防护技术研究
201313005	粮食中真菌毒素脱除与卫生污染物监控技术研究
201313006	商品粮油品质资源及加工用途数据库研究
201313007	粮油质量安全检测技术研究
201313008	粮食库存质量在线监控物联网技术与设备研究
201313009	粮食数量安全预警监控应急技术与装备

续表

项目编号	项目名称
201313010	“北粮南运”关键物流装备研究开发
201313011	主食品及油脂品质研究
201313012	粮油加工技术与装备开发应用

(二)支撑计划项目关注共性关键技术

1. 节能增效绿色储粮关键技术研究与示范项目取得成果

(1) 节能技术领域。开展了热力真空组合干燥研究，建成了两条粮食保质节能烘干装备生产线；确定了以能耗和发芽率为指标的最佳干燥工艺组合参数，建立了基于水势的玉米干燥模型和玉米颗粒内部水分分布方程，形成了玉米热风真空组合干燥方法，组合干燥比单独的热风干燥节能10%～20%；自主研发设计的在线玉米水分传感器、玉米料位传感器等传感元件，通过电阻式水分仪，分析出薄层干燥解析曲线，并构建了粮食烘干自动控制系统；开发了地下节能型储粮新仓型、膜下制冷通风用谷物冷却技术。

(2) 生物技术领域。建成了小麦、稻谷、玉米储粮粮情关键因子控制技术应用示范平台3个；获得了中温（闪热）杀除害虫技术关键参数，形成“等（偏高）温空气通风控霉调控技术”和“高水分粮闪热杀虫调控技术”各1套，形成了粮温监测研究系统、智能通风控制系统、循环制氮杀虫系统、全孔板通风模拟研究装备、粮食流散视频监视系统等配套设备。

2. 数字化粮食物流关键技术研究与集成重点解决储检运共性技术问题

2013年，支撑计划“数字化粮食物流关键技术研究与集成”项目经科技部批复立项后启动。该项目将构建粮食关键特性参数测试平台和研究方法，建立储藏特性参数变化规律与模型；开展基于近红外光谱技术的粮食收储专用品质检测装备和粮油收购数字化质量检测技术的研究开发；研制粮食流通中粮食质量、虫害、气体和数量等信息采集技术，便携式的“清仓查库”光电检测设备，智能标识及检测关键技术研究与设备；研发粮食应急监测与预警、应急事件指挥调度和应急知识管理系统，开发适用于我国成品粮安全储备新型储藏工艺及仓型；通过数字化的粮食特性模拟、收购品质、储藏数量和质量安全检测、运输装卸、应急处理方法与设备研制及应用示范，解决粮食信息化技术应用推广中的共性问题，实现粮油数量和质量的跟踪管理，提高从收购、储藏到消费各环节的粮油流通全程数字化检测与管理水平。

(三)其他国家科技计划项目管理

1. 科技基础性工作聚焦生态理论研究

2013年度粮食科技基础性工作关注粮食生态储藏学基础和生态技术理论探索模式，开展以储粮生态学为指导的“多场耦合作用下的仿真模拟方法与技术”研究开发。主要针对粮堆生态系统各向异性分布规律和表征方法，分析粮堆生物场对粮堆状态影响规律，结合非生物场和生物场耦合作用规律，深入研究基于有生命、高能量散粒体的大尺度粮堆静态各向异性特征测定与表征方法，并探索在无外部干预下与有外部干预下的储备粮堆温湿度场、介质流场状态迁移和相互作用机理，对于粮堆生物场中不同危害层级害虫和微生物的发生发展规律进行分析研究，仿真模拟粮堆生物和非生物场耦合作用下的粮堆状况动态变化规律，建立粮堆安全状态早期预警控制技术和策略。

2.院所技术开发专项引导转制院所保持科技创新能力

2013年推荐了“籼稻烘干质量控制技术与配套稻壳流化热源研究开发”、“浸出车间废水零排放技术的研究”等两个转制科研院所技术开发项目的候选项目，从烘干、加工领域，促进粮食行业生物质能源和废水减排等节能增效技术研究，延伸粮食产业链条，提升产业创新能力。

3.农业科技成果转化资金项目促进粮食科技成果转化

2013年粮食农业科技成果转化资金项目“储粮生物杀虫剂多杀菌素的生产技术中试”、“原粮风筛组合清理装置”、“低酸价花生油吸附脱酸工程化技术中试”、“稻谷收获集约化干燥技术与设备”、“小麦擦皮除菌机的转化”、“采用混合溶剂从茶籽饼中提取茶油和皂素技术转化”等6个项目获批立项。

4.政策性引导类项目引导产业技术发展方向

火炬计划项目“基于三维激光扫描的粮食仓储智能监控系统”获科技部批复立项，通过激光直接测量仓房体积，体现高新技术成果已在粮食行业应用。2013年启动的“我国粮油加工业集聚及发展对策研究”项目研究成果已为国家有关规划制定提供了支持。

（四）粮食科技创新平台体系已发挥产业创新引导作用

自2011年粮食产后国家工程实验室正式批复组建以来，在国家发展改革委的大力支持下，粮食产后国家工程实验室围绕行业减损技术需求，依托工程实验室软硬件，从粮食储藏、加工、产业链延伸等方面开展创新研究，2013年国家工程实验室建设已投入4.4亿元，占全部投资的90%以上。

1.国家工程实验室承担多项国家科技计划项目

粮食储运国家工程实验室承担了“十二五”科技支撑计划项目“数字化粮食物流关键技术研究与集成”、国际合作项目“储粮害虫捕食螨生物技术合作研究”、“粮油仓储害虫诱杀治理技术合作研究”和粮食公益专项研究；小麦和玉米深加工国家工程实验室开展支撑计划“玉米主食工业化生产关键技术及其产业化示范”、国家自然基金项目“鲜食玉米品质变化机理及质构特性研究”。

2.积极开展生物技术应用及粮食附产物的增值转化

稻谷及副产物深加工国家工程实验室通过生物技术将大米增值转化为麦芽糖浆、果葡糖浆、海藻糖等高附加值副产品，技术已向产业推广。粮食发酵工艺及技术国家工程实验室开展纺织用酶产业化、稻米加工副产品增值利用技术、竹红菌素的产业化开发研究，在无醇啤酒生产技术及成套设备、黄酒传统酿造技术升级领域取得多项专利成果。

3. 加强粮食加工设备工程技术研究和开发

粮食加工机械装备国家工程实验室开发出磨

粉机升级技术、新型高方平筛、小麦擦皮除菌机等多款小麦加工机械装备，已在粮油加工企业广泛应用；高效冷粕器、食用油干式冷凝真空脱臭系统新型节能装备等油脂加工机械装备已取得显著经济效益；国家工程实验室获得水源热泵（单冷）谷物冷却机组、新型低温循环式烘干机、粮油仓储管控一体化信息管理系统等粮油产业装备等节能技术领域成果。

2013年开展了国家粮食局重点实验室建设工作，批复储藏等3个粮食重点实验室，探索开展了企业工程技术研究中心建设和产业技术联盟的建设。

(五)中期评估梳理“十二五”科技发展

按照科技部《关于开展〈国家中长期科学和技术发展规划纲要（2006－2020年）〉中期实施情况调查的通知》（国科发计〔2013〕24号），梳理了“十一五”以来粮食科技创新投入关注创新体系及能力建设。截至2013年，“十二五”以来中央已投入粮食科研经费约3.5亿元，通过技术创新体系、产业创新平台体系、物联网技术成果转化体系，共同构建形成的行业创新体系，实现粮食流通技术水平的显著提升。以公益性行业科研专项、国家支撑计划项目及转化类项目为主体的国家级科技计划项目作为重要的粮食创新资源，支撑粮食行业发展，5个粮食产后领域国家工程实验室和14个国家粮食局工程技术研究中心、3个重点实验室等国家级平台，聚集高水平创新资源支撑行业发展；开展物联网、节能技术、质量安全、主食及精准加工等共性技术研究落实规划重点任务。

“十二五”是粮食行业科技发展的重要战略机遇期，是夯实行业科技创新基础的重要时期，粮食科技应继续深化贯彻《粮食科技“十二五”发展规划》，构建粮食科技创新体系，形成产业创新能力发展内生动力，提升行业自主创新能力。

第九部分

粮食行业发展与交流

一 粮食行业人才队伍发展

(一)粮食机构基本稳定

2013年底，全国粮食行业单位总数为43146个，其中：行政机关2473个，事业单位3346个（其中：参公管理事业单位505个），粮食经营企业37327个（其中：国有及国有控股企业14008个，非国有企业23319个），与上年大体相当。

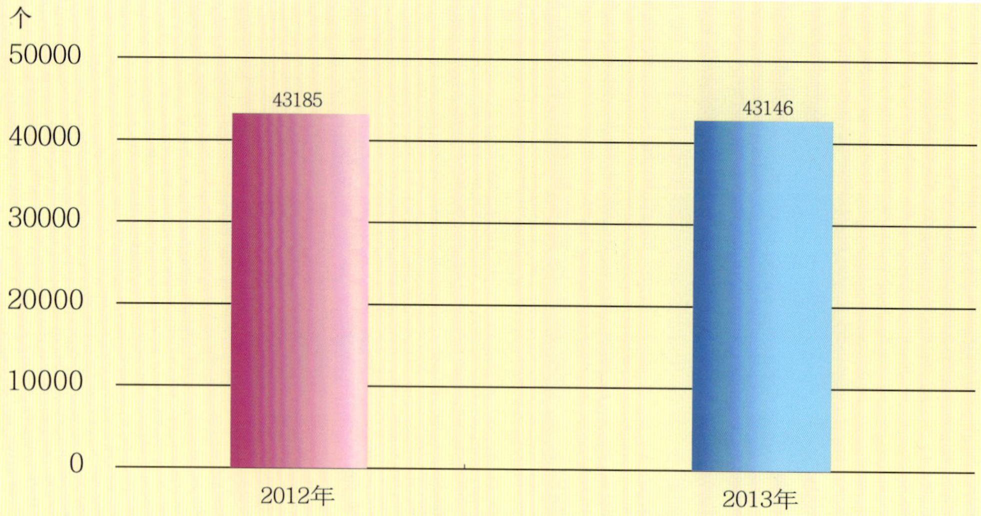

图9-1　粮食行业机构总数变化情况

(二)人才队伍壮大但仍紧缺

1.行政管理部门和事业单位人才总量趋于稳定，国有企业人才队伍壮大

截至2013年12月底，全国粮食行政机关和事业单位共82090人，人数同比增加0.09%；国有及国有控股企业471387人，同比增加2.69%，增幅较大的前五位是河南、中粮集团、中储粮总公司、新疆、北京，扭转了近几年国有企业人数下滑的趋势。

2.专业技术人才和技能人才队伍逐步壮大，但比例仍然偏低

从近五年情况来看，专业技术人才队伍从113719人增长到129354人，增长13.75%，增长较快的前5位是黑龙江、安徽、中粮集团、江苏、福建。技能人才队伍从149000人增长到181903人，增长22.08%，增长较快的前5位是江苏、黑龙江、安徽、四川、福建。这反映出，行业专业技术人才和技能人才队伍不断壮大，人才工作得到行业的广泛重视。另外，专业技术人才和技能人才比例仍然偏低。2013年底，专业技术人才129354人，仅占在岗职工的12.49%；技能人才181903人，仅占在岗职工的17.56%。

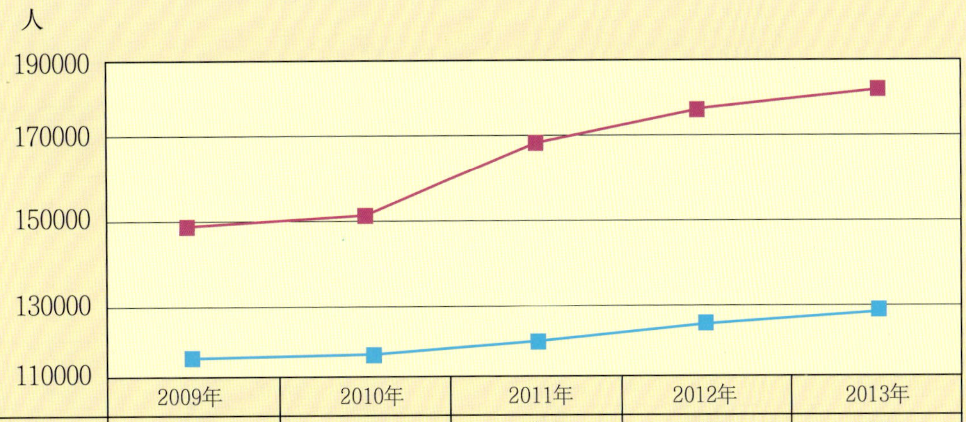

	2009年	2010年	2011年	2012年	2013年
专业技术人才	113719	114722	117958	122271	129354
技能人才	149000	150802	167579	178786	181903

图9-2　近五年粮食行业专业技术人才、技能人才队伍建设情况

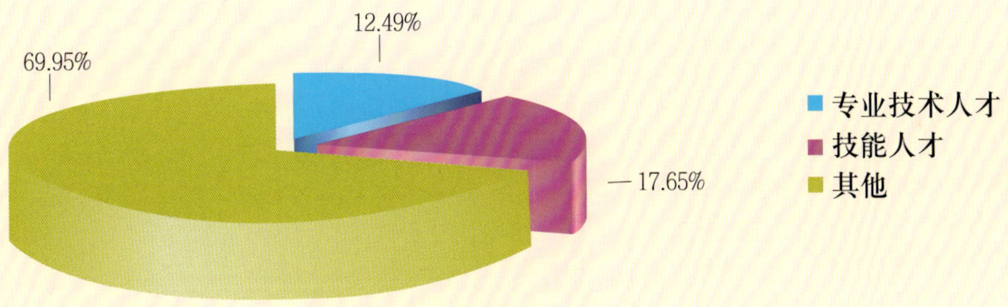

图9-3　专业技术人才和技能人才占比情况

(三)国有粮食系统人才总量趋于稳定，整体素质进一步提高

1.国有粮食系统人才总量与上年基本持平

2013年国有粮食系统职工总人数616239人，与上年大体持平。其中：在岗职工531163人（长期职工512673人，临时工18490人），同比增加1.79%；离开本单位仍保留劳动关系的职工85076人，同比减少10.06%。公务员33379人，同比减少11.66%；企事业管理人员107602人，同比增加6.26%；专业技术人员76521人，同比增加6.5%；工人295717人，同比增加1.33%（其中：技术工人91827人，同比减少1.15%）。

从近三年的情况来看，国有粮食系统四支人才队伍总量基本稳定。

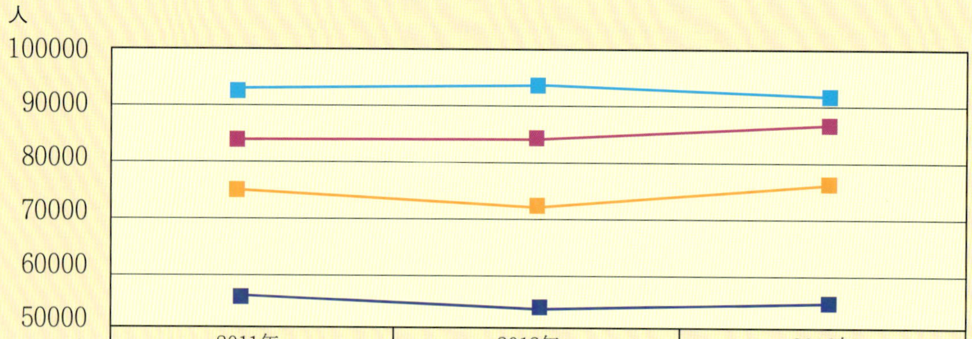

	2011年	2012年	2013年
党政人才	56224	54405	54320
企业经营管理人才	85410	84642	86661
专业技术人才	75246	71854	76521
技能人才	92690	92894	91827

图9-4 近三年国有粮食系统四支人才队伍情况

2.高层次人才比重继续增加

高层次专业技术人才继续增加。高级专业技术人才从2010年的3055人增加到2013年的3365人，增幅10.15%，这说明从2010年实施人才规划以来，国有粮食系统各级单位部门，重视人才培养，加大人才投入力度，取得了成效。但同时我们还应看到，高级专业技术人才仅占专业技术人员的4.40%，粮食行业高端人才培养任务任重道远。

表9-1 专业技术人员结构

类 别	总数	高级职称	中级职称	初级及以下
人 数	76521	3365	21119	52037
占专业技术人员总数%	—	4.40	27.60	68.00

3.职工学历层次进一步提高

2013年底，国有粮食系统有研究生5868人，占总人数0.95%；大学本科63989人，占总人数10.38%；大学专科132650人，占总人数21.53%；中专110534人，占总人数17.94%；高中182186人，占总人数29.56%；初中及以下121012人，占总人数19.64%。

国有粮食系统职工大学以上学历69857人，占职工总数的11.34%，比2009年增长4.02个百分点。其中，在学历层次普遍偏低的技术工人中，大学以上学历人员比重从2009年的2.62%提高到2013年的5.20%，增长2.58个百分点。在普通工人中，大专以上学历人员达到16.18%，比2009年增加了6.17个百分点；初中及以下学历为28.85%，比2009年减少了4.8个百分点。

以上数据表明，各级粮食部门越来越重视职

工教育培训工作，广大职工积极学习，尊重知识、尊重人才的良好氛围正在系统内逐步形成。

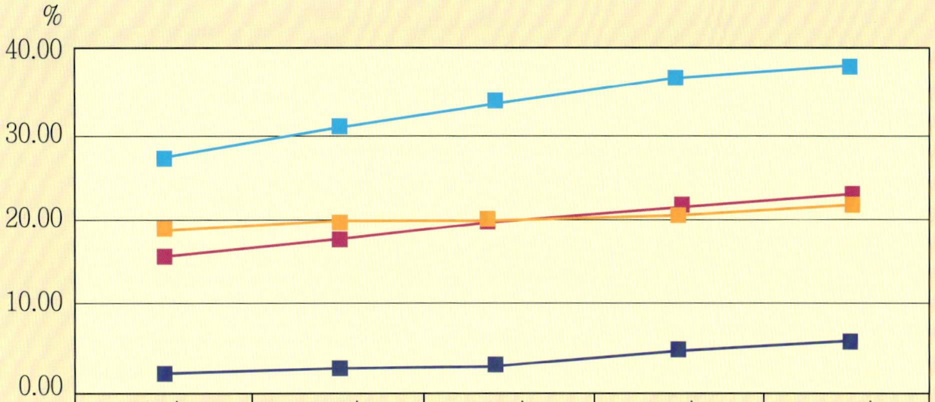

	2009年	2010年	2011年	2012年	2013年
党政人才大学以上学历比例（%）	28.37	31.20	33.59	36.06	37.50
企业经营管理人才大学以上学历比例（%）	15.69	17.95	19.97	21.81	23.52
专业技术人才大学以上学历比例（%）	18.52	19.52	20.08	20.58	22.01
技能人才大学以上学历比例（%）	2.62	2.94	3.03	4.51	5.20

图9-5　国有粮食系统四支人才队伍大学以上人员比例情况

表9-2　国有粮食系统普通工人学历情况

项目	2009年		2013年	
	人数	比例（%）	人数	比例（%）
大专及以上学历	21826	10.01	32640	16.18
中专及高中学历	122779	56.34	110881	54.97
初中及以下学历	73325	33.65	58200	28.85
普通工人总数	217930	—	201721	—

4.人才流失压力仍然较大

从近五年情况来看，国有粮食系统党政人才和技能人才队伍中，45岁以下中青年职工呈减少趋势，与此同时，企业经营管理人才、专业技术人才和技能人才三支人才队伍46岁以上人数有所增加。除年龄自然增长因素外，一是国有企业分配机制不活、工资待遇偏低，留不住人才，特别是中青年人才流失严重；二是进人渠道不畅，后备力量得不到及时补充。

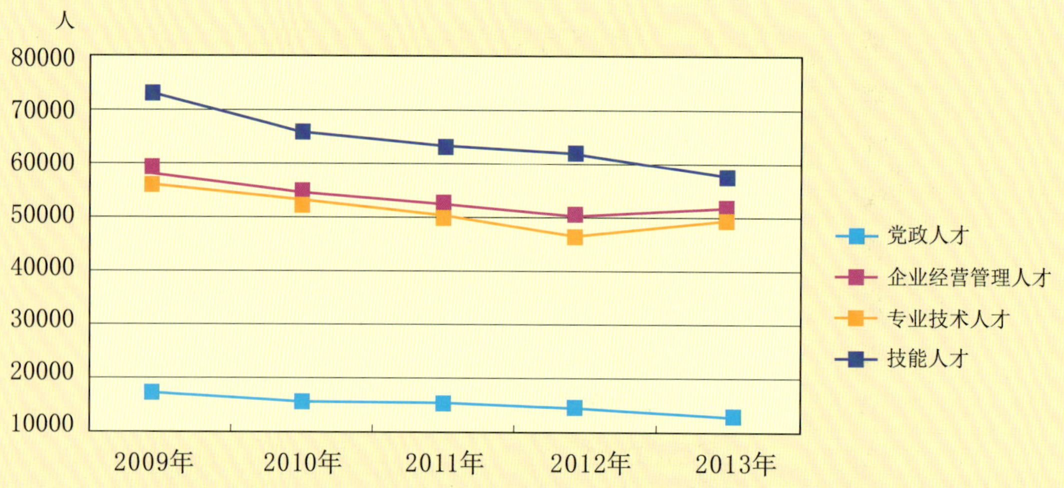

图9-6　近五年国有粮食系统四类人才队伍45岁以下情况

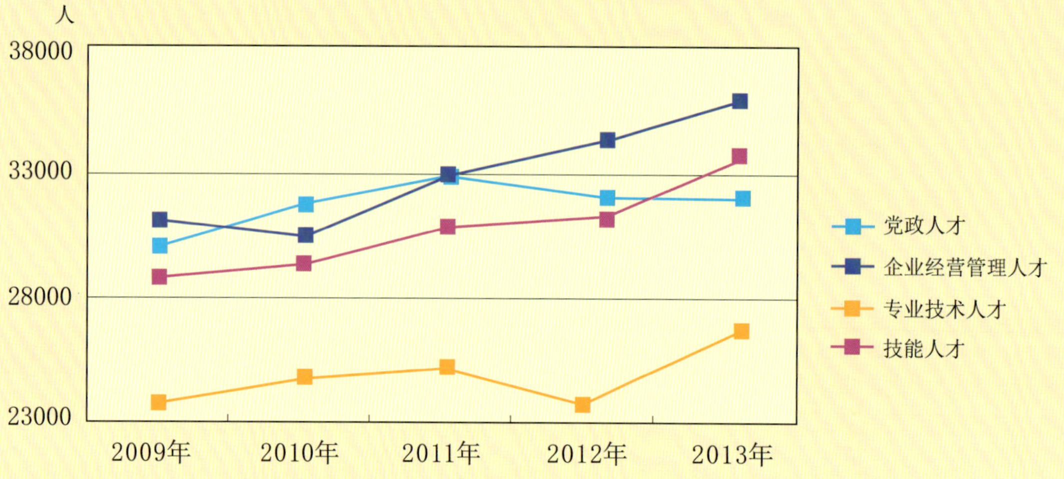

图9-7　近五年国有粮食系统四类人才队伍46岁以上情况

(四)培训力度进一步加大

2013年国有粮食系统积极开展教育培训工作，系统职工参加职业技能、学历教育、各类政治理论和业务培训共267109人次，参训率达43.35%，参训人次同比增加3.40%。

从培训类型来看，2013年职工参加企事业管理人员培训、专业技术人员培训和学历学位教育培训的人次有所增加，其中参加企事业管理人员培训47375人次，同比增加44.40%；参加专业技术人员培训47668人次，同比增加10.93%；参加学历学位教育培训3590人次，同比增加37.55%。

另外，公务员全年参加培训共32420人次，参训率为97.13%；企事业管理人员全年参加培训共73459人次，参训率为68.27%；专业技术人员全年参加培训共45703人次，参训率为59.73%；工人全年共参加培训111083人次，参训率为37.63%。

二 国际交流与合作

2013年，国家粮食局围绕粮食行业中心任务，积极开展粮食领域的对外交流与合作，全年共接待来访的外国政府和跨国企业粮农高级代表团20多个，来访外宾200多人次；举办国际研讨会3个；签订双边合作协议1个。

(一)热情接待国外来访团组

2013年来国家粮食局访问的外国政府和跨国企业粮农高级代表团20多个，来访外宾200多人次，国家粮食局领导分别会见和接待了秘鲁农业部长、以色列驻华大使、澳大利亚农业部常务副部长、加拿大农业与农业食品部助理副部长、美国农业部世界农业展望局局长、美国内布拉斯加州农业部长、新西兰亚太经济合作组织高官、国际谷物理事会理事长等外国政府和国际组织高级代表团，以及美国谷物协会董事会主席、加拿大谷物委员会副主任、法国粮食出口协会主席、瑞典波通公司总裁等率领的外国企业高级代表团。通过接待和交流，使来宾对我国粮食生产、消费、贸易、储藏、质检、科技以及深化粮食流通体制改革等情况有了较深的了解，进一步加强了国家粮食局与国外粮食主管部门、协会和大企业的合作。国家粮食局有关司及直属单位的领导还分别会见了其他来访的团组，回答外宾所关心的问题，并探讨进一步加强合作与交流的方式和途径。国家粮食局还接待了商务部主办的“发展中国家粮食安全研修班”26位学员到国家粮食局科学研究院考察学习。这期学员来自尼日尔、布隆迪、毛里塔尼亚等15个国家，大部分为农业部、食品卫生安全办公室等政府机构的司处级官员。国家粮食局流通与科技发展司领导和粮科院总工程师分别向学员们介绍了中国粮食仓储和物流设施基本情况及发展远景，以及中国粮食科学研究现状和发展趋势，回答了学员们提出的问题。学员们参观了粮科院自主研发的系列粮油检测仪器和粮油安全、品质、加工等实验室。这次考察学习给他们留下深刻的印象，他们表示将详细向国内汇报，以后多派专家到中国考察学习，也希望中国派专家去指导粮食仓储和物流设施的建设。

(二)积极借鉴国外粮食科学技术和管理经验

2013年，为提高我国粮食质量和标准化工作水平、解决粮食综合加工利用、油脂技术开发，以及粮食储藏先进技术等方面的问题，国家粮食局为局标准质量中心、粮食科学院和中粮集团营养健康研究院向国家外国专家局申请引进国外智力项目10个，共聘请外国专家42人次。在项目实施过程中，项目单位严格执行国家有关规定，缜密策划，精心组织，取得了较好的引智成效。

国家粮食局粮食科学院的“粮油产品健康消费模式研究”项目，邀请了英国帝国理工大学、美国农业部和美国哈佛大学的4位专家。外国专家分别作了“不同膳食油脂摄入模式与人类健康关系”、“大豆食品生物加工和合理利用”、“全球营养危机和食品生产的发展机遇”等报告，并对粮科院开展的大豆健康消费及大豆中的功能活性物质研究、大豆肽的产品开发等研究给予指导和提出建议。英国专家还将他们的最新科技成果——英国居民粮油食品健康参数数据库无偿地捐献给粮科院使用。双方还就“粮油健康参数数据库的构建研究”签署了合作协议。粮科院还与美国专家就国产大豆健康消费及大豆中的功能活性物质研究和相关产品开发、粮油营养与健康课题等达成合作意向。通过与国外专家的交流，进一步拓宽了相关领域研究人员的学术视野，丰富了研究方法，对提高粮科院粮油营养研究的水平有促进作用。也为以后与国际一流学术单位合作申请国际科研项目、培养科技人才以及科研项目的应用等奠定了基础。

粮食科学院的“粮食安全储存与检测技术研究”项目邀请了德国图宾根大学、澳大利亚默多克大学和美国阿肯色州大学、堪萨斯州州立大学4位专家参加安全储粮研讨会。外国专家分别作了内容涉及熏蒸技术在储藏领域的应用进展、储藏害虫检测技术进展以及生物技术和物理技术在储藏害虫防控领域的发展趋势、谷物营养对于人类和动物健康影响的生理机制等方面的报告。外国专家还到实验室，对青年科技人员的研究和实验进行指导，就科研工作中试验系统设计、数据处理技术等进行了现场分析和指导，使青年科研人员受益较大。双方就派科技人员到德国和美国大学实验室进行学习及实验达成合作意向。这将有助于粮科院进一步提高在开发安全高效的新型生物杀虫剂，真菌毒素污染的检测和消减，以及绿色储粮技术等方面的研究水平。

国家粮食局标准质量中心的“粮食质量安全追溯制度及相关政策”项目，邀请了两位新西兰初级产业部（农业部）负责食品法规制修订的专家和日本谷物检定协会负责粮食质量监管的专家来华，同我国300多位从事粮食质量管理和粮油标准制修订的管理及技术人员进行了交流。外国专家分别介绍了新西兰和日本粮食质量安全法律法规制定的情况，以及日本大米生产和流通相关法律，粮食安全性保证，食品安全分析技术；新西兰食品质量安全追溯制度体系及追溯方法与手段等情况，并解答了与会质检人员提出的问题。通过与外国专家交流，开拓了我国质检人员的思路，为建立粮食“从农田到餐桌”的全程质量控制制度和品质评价体系，完善我国粮食质量追踪体系及粮油标准体系提供了借鉴。也对开展污染粮食无害化处理和重金属快速检测等方面的研究，开展粮食收购、储存、运输、加工等过程的操作规范制修订工作有所帮助。

通过执行这些引智项目，有关单位与国外粮油科研机构建立起了良好的合作关系，及时了解和掌握国外最新的粮油科技成果与动态，有效地解决了当前我国粮油产业和科研中面临的一些问题，促进了我国粮油科技水平的提高。

为了提高我国稻米食味评价方法，国家粮食局粮食科学院与日本佐竹公司签订了“中国稻米食味评价方法共同研究协议”，借鉴日本的稻米食味评价方法和应用体系，研究建立中国稻米食味感官评价方法，促进中国稻米资源的合理利用。粮食科学院还开展了《中国粳稻基准米的研究》课题研究，目前已经建立了以粮科院科研人员为骨干的20余人的品尝员队伍，对我国粳稻主产区的主要产品的食味品质和相关指标进行研究。

国家粮食局粮食科学院还根据与日本佐竹公司签署的“科技合作框架协议”，与日本佐竹公司于11月7～8日，在江苏省苏州市共同主办了“中日稻米标准学术研讨会”。来自国内外粮油质检机构、科研院所、大专院校、粮食加工和贸易企业等单位的100多人参加了研讨会。与会代表交流研讨了中国和日本稻米标准研究的最新成果，围绕进一步完善稻米标准，纠正在大米消费中的认识误区和提高稻谷加工水平等进行了讨论，取得了预想的效果。

(三)认真组织出访合作和出国培训

为了深化我国的粮食流通体制改革，借鉴国外粮食宏观管理政策和经验，加强在粮食储藏、流通、质量检测、科技、加工和贸易等方面的对外交流与合作，2013年国家粮食局领导分别率团出访以色列、土耳其、南非、埃及、澳大利亚、新西兰、匈牙利和俄罗斯等国。进一步了解了出访国家的粮食流通体制和粮食管理政策，商谈了在粮食储藏、检测和加工等方面的合作，取得了较好的出访成果。

2013年，国家粮食局共获国家外国专家局批准出国（境）培训项目4个，包括调控司的赴德国“粮食监测预警和宏观调控培训”项目，检查司的赴俄罗斯“粮食市场管理制度及监管实务培训”项目，标准质量中心赴新西兰“粮食质量安全监管及标准化培训”项目，以及法规司赴法国“保障国家粮食安全的政策措施和法律规定”项目（由于某些原因转到2014年执行）。在执行培训项目过程中，各有关单位严格遵守国家有关出国（境）培训项目的规定，认真研究和设计培训内容，合理安排培训计划，严格选拔培训人员。通过赴国外培训，使地方粮食管理部门和企业的干部及技术人员了解了国外先进的粮食管理经验和粮食质量安全标准及技术，开阔了眼界，增长了知识，对提高粮食管理与粮食安全标准及技术水平起到了积极的促进作用。

国家粮食局还选派人员出国参加有关粮食的国际会议，如，赴法国参加国际标准化组织食品技术委员会主席顾问团会议，赴印度尼西亚参加亚太经合组织（APEC）粮食安全政策伙伴关系（PPFS）有关会议，赴瑞士参加世界贸易组织农业委员会特会，赴美国参加第104届美国油脂化学家学会年会，赴日本参加国际食品工业展暨学术研讨会，赴印度参加2013年国际淀粉年会，赴德国参加第4届国际食品工程与生物技术大会，赴意大利参加欧洲真菌毒素国际会，赴英国参加2013年国际谷物理事会年会，赴加拿大参加北美谷物研讨会，赴澳大利亚参加国际谷物化学大会，赴日本参加APEC粮食安全政策伙伴关系管理委员会会议等。在有关粮食的国际会议上，国家粮食局参会代表客观地介绍了当前中国粮食的实际情况，阐明中方对世界粮食形势的看法和对有关问题的立场，扩大了我国在国际粮食领域的影响。同时，在会议期间积极与国外同行交流和沟通，增进了解和理解，探讨合作的可行性和方式，为以后的交流与合作奠定了基础。

(四)积极筹备APEC有关粮食安全的会议

2014年中国将再次主办亚太经济合作组织（APEC）领导人非正式会议，以及相关部长级会议和高官会议等。国家粮食局将负责承办APEC粮食安全政策伙伴关系（PPFS）有关会议，同时与农业部共同承办APEC第三次粮食安全部长级会议。经与多方沟通和协商，国家粮食局拟订了PPFS有关会议方案，成立了由局领导担任主任的筹备委员会，抽调有关人员组成外联组、文件组、协调组、行政财务组和展览组。详细研究和提出PPFS有关会议的主题、议题和会议筹备方案；派人考察了拟选用的会场，接待参观的粮食港口、仓储设施和批发市场等；确定了PPFS政府与企业粮食安全和贸易对话会暨PPFS第一次管理委员会会议的具体安排方案等，努力保证PPFS有关会议取得圆满成功。

三 爱粮节粮活动

2013年，为贯彻落实习近平总书记关于“厉行勤俭节约、反对铺张浪费”的批示精神，粮食行业广大干部职工按照李克强总理关于“守住管好‘天下粮仓’，做好‘广积粮、积好粮、好积粮’三篇文章”的要求，为减少粮食各环节损失浪费，提高社会各界的爱粮节粮意识，组织开展了“2013年世界粮食日”、“全国爱粮节粮宣传周主会场及分会场宣传”、“创建全国中小学爱粮节粮教育社会实践基地”、“中小学生爱粮节粮征文”以及“爱粮节粮进家庭、进学校、进军营”等活动，取得了良好效果。和往年相比，2013年的爱粮节粮活动呈现出以下一些特点：

(一)粮食行业带头

2013年5月，国家粮食局下发了《关于粮食行业带头爱粮节粮反对浪费的指导意见》（国粮发〔2013〕105号），要求粮食行业带头深入开展爱粮节粮宣传教育活动，带头树立勤俭节约、科学健康的文明新风尚，减少餐桌浪费。通知提出要带头开展家庭爱粮节粮活动、带头加强员工食堂管理、带头执行会议接待用餐规定、带头做到科学营养膳食。

为加强对爱粮节粮活动的组织领导，国家粮食局建立了局粮食节约减损工作司级联席会议工作机制，在此机制框架内，先后开展了创建“全国中小学爱粮节粮教育社会实践基地”、“粮油仓储、物流及加工环节损失浪费情况调查前期论证”等活动，同时，牵头组织开展了以“科学节粮减损，保障粮食安全”为主题的粮食科技活动周、以“节粮减损从技能开始”为主题的第三届全国粮食行业职业技能竞赛以及以“爱粮节粮，传承美德”为主题的全国爱粮节粮宣传周活动。节粮减损被列入“粮安工程”重点推进的六项重点工作之一，行业重视爱粮节粮、宣传爱粮节粮、研究推动爱粮节粮蔚然成风。

(二)各部门积极跟进

2013年是爱粮节粮活动参与部委最多的一年。年内与教育部联合开展了“中小学生爱粮节粮征文比赛”活动；与解放军总后勤部联合开展了“爱粮节粮进军营”活动；与全国妇联联合启动了“爱粮节粮进社区进家庭”活动；与共青团中央和中国科协等部委联合组织了“节约粮食、从我做起——2013年青少年科学体验活动”；与农业部、联合国粮农组织驻华代表处联合开展了2013年世界粮食日等活动，均取得了良好的宣传效果。

这些活动，目标指向明确，或面向中小学生，或面向解放军战士，或面向家庭主妇，这些群体是当前和今后粮油消费的主要群体，是改变当前和今后粮油消费损失浪费严重局面的重要力量。这些活动内容充实，形式新颖，符合不同群体的不同需求，容易引起参与者的心理共鸣，在全社会形成节约光荣、浪费可耻的局面和氛围。

(三)宣传周期延长

和往年爱粮节粮活动主要集中于世界粮食日和全国爱粮节粮宣传周期间不同，今年的活动周期明显延长，基本做到了月月有活动，并在10月世界粮食日和全国爱粮节粮宣传周期间达到高潮。先后组织开展了爱粮节粮主题宣传画设计大赛、主题征文比赛、主题漫画大赛等宣传周期长、群众参与性强的活动，在实现参与群众自我教育的同时，可以对周围人群实现潜移默化的影响。

(四)媒体宣传形式多样

世界粮食日和全国爱粮节粮宣传周形象大使张国立参加了2013年北京主会场的活动，著名杂交水稻专家袁隆平参加了湖南分会场的活动，名人加入爱粮节粮宣传，对进一步扩大活动知名度和影响力发挥了重要作用。2013年直接和间接参与爱粮节粮宣传的人员达到了数千万，其中直接或间接参与爱粮节粮宣传周主会场分会场活动的人员达到了近300万。

在社会各界的持续努力下，新闻媒体宣传爱粮节粮的热情空前高涨。全国爱粮节粮宣传周前后，形象大使张国立在中央人民广播电台中国之声整点报时时段录制播出了节粮公益广告；中央电视台等权威媒体在黄金时段播放了节粮公益广告；由新浪微博、腾讯微博首先发起，大众媒体、民众、餐厅和院校纷纷响应，全国两会、国际媒体和联合国参与支持的“光盘行动”，更是在全民中间进行了一次深刻的爱粮节粮主题教育。

作为一项功在当今、利在后代的公益宣传活动，爱粮节粮需要持之以恒的坚持和努力，今后要重点做好以下几个方面的工作：

一是进一步发挥局粮食节约减损工作司级联席会议工作机制的作用。要继续加强与各部委的联系沟通，形成部门互动，加强对爱粮节粮活动的整合，增强活动的整体性和系统性，带动更多的人群乃至全社会身体力行节约粮食，切实提高宣传实效。

二是尽快摸清损失浪费底数，为科学宣传爱粮节粮打下良好基础。抓紧制订针对粮食仓储、物流和加工环节损失浪费情况调查的实施方案，尽快组织开展针对这几个环节损失浪费情况的实地调查，掌握各环节损失浪费数据，摸清各环节损失浪费原因，为制定更加科学合理的节粮减损政策提供数据支持。

三是充分发挥中小学爱粮节粮教育社会实践基地等宣传平台的作用。在行业内创建的95家全国中小学爱粮节粮教育社会实践基地，是联系粮食行业、中小学生和广大学生家长及老师的重要平台和纽带。今后要在实践中不断完善管理办法，加强对已建成实践基地的管理考核，细化实践基地奖励及退出工作机制和办法；要督促并指导各实践基地尽快组织开展相关活动，根据粮油仓储、物流、加工企业以及检化验机构和科研院所的不同特点，制定分类指导手册，明确各类实践基地开展活动时的必选内容和可选内容，编写学生用爱粮节粮宣传手册，发放至各实践基地；要尽快制定实践基地分级创建和管理办法，鼓励各省、市、县在本地创建不同级别的实践基地，按照分级管理、逐级推荐的原则，逐级产生不同标准实践基地，以尽快增加实践基地数量，扩大实践基地辐射范围。

四是努力完善世界粮食日、全国爱粮节粮宣传周、粮食科技活动周等平台功能。要不断丰富宣传活动内容，创新宣传活动形式，通过组织图片展览、公益广告征集、形象大使代言等活动，深入宣传爱粮节粮理念，提高广大人民群众的爱粮节粮意识。要细化粮食科技活动周、爱粮节粮宣传周的具体形式和每天的宣传内容，逐步做到宣传周期间天天有内容，日日有活动，主会场、分会场上下联动，形成系列，做到有预热、有高潮、有回味；要进一步研究调动各地积极性的办法，明确分会场活动组织原则及责任，加强检查督促，并加强具体指导帮助，提高分会场宣传效果和影响力度。

五是适时组织召开全国爱粮节粮活动经验交流会。在适当的时候组织召开一次由各地粮食管理部门、粮油企事业单位、相关部委、粮农组织以及新闻媒体参加的爱粮节粮活动经验交流会，总结交流实践经验，协调工作，探讨发展思路，促进爱粮节粮宣传工作的可持续发展。

六是进一步发挥形象大使的作用。今后要考虑通过借助形象大使的名人效应，拍摄公益宣传片，借助网络、电视等宣传媒介，扩大爱粮节粮影响范围；尝试分行业、分地区聘请形象大使的办法，充分利用各地区、各行业的名人资源，提高爱粮节粮在全社会的认可度。

七是加强新闻宣传工作。进一步加强与报纸、网络、电视等新闻媒体的协调配合，通过在中央及地方媒体播发活动宣传报道稿、开辟报纸宣传专栏以及编辑杂志特刊等形式，宣传科学营养膳食知识，宣传理性点餐、文明消费，通过深入持久的宣传，实现移风易俗，反对铺张浪费。

四 世界粮食日宣传纪念活动

2013年10月16日，国家粮食局、农业部与联合国粮农组织驻华代表处在北京大学百周年纪念讲堂共同组织了2013年“世界粮食日”主题纪念活动。当年“世界粮食日”的活动主题是“发展可持续粮食系统，保障粮食安全和营养”。

(一)主会场活动

2013年主会场活动在北京大学百周年纪念讲堂举办。国家粮食局副局长曾丽瑛主持活动，国家粮食局局长任正晓、农业部副部长牛盾、全国妇联书记处书记崔郁以及联合国粮农组织驻华代表伯西·米西卡、世界粮食日（中国）和全国爱粮节粮宣传周活动形象大使张国立先后致辞。教育部、中国科协、解放军总后勤部以及北京大学等部门、单位的负责人出席了活动。

来自农业部、国家粮食局、联合国粮农组织驻华机构的代表，北京大学师生代表，中小学生代表，全国妇联代表，解放军代表，企、事业单位代表以及新闻媒体等共计1000余人参加了活动。会场发放宣传材料1500份，制作节粮胸贴上千份，滚动播放爱粮节粮视频短片，同时北京实验二小的师生现场与参会人员进行了“认识粮食”和“数出来的余粮和营养”的小实验。活动结束时与会领导、嘉宾和志愿者纷纷在爱粮节粮签名长卷上签下了自己的名字，加入到“爱粮节粮从我做起”的行列中。

(二)“致全国高校师生的爱粮节粮倡议书”

2013年5月，河南工业大学、南京财经大学、武汉轻工大学联合发布“爱粮节粮从我做起”倡议书，大学生的节粮宣传热情被点燃。10月16日主会场活动期间，北京大学青年志愿者协会向全国高校师生发出了“厉行节约，反对浪费”的倡议，倡议全社会青年共同担起责任，弘扬中华民族勤俭节约的优良传统。

(三)爱粮节粮公益展览

设计制作了62块宣传展板在主会场活动期间展示，占地800平方米。展览以图文并茂的形式介绍了世界粮食日活动的背景，回顾了近年来组织开展活动的有关情况，全面展示了2013年国家粮食局与有关方面联合开展的“粮食科技活动周”、“中小学生爱粮节粮征文”、“创建中小学爱粮节粮教育社会实践基地”、“青少年节粮调查体验”以及“爱粮节粮进社区、进军营”等活动的具体情况。

(四)分会场活动

陕西、河南、吉林、湖南、宁夏、贵州、四川、新疆、云南、广东、上海、河北、黑龙江、江西、福建、浙江等省（区、市）粮食局及不少地市级粮食行政管理部门，结合活动主题和地方特色，相继开展了形式多样的“世界粮食日”宣传纪念活动，受到社会各界的广泛关注。

(五)媒体宣传

中央主流媒体10月16日以电视、电台等形式，集中向社会宣传爱粮节粮，收看收听群体覆盖全国，特别是在中国之声公益报时邀请张国立宣传爱粮节粮，引起社会广泛重视。国家粮食局政府网登载了《2013年世界粮食日和全国爱粮节粮宣传周活动举行》的消息，中央政府网对消息进行了转载，同时新浪财经、搜狐、腾讯、凤凰、央视网、网易财经、和讯等30余家主流网站对该消息进行了转载。在局政府网站开设“2013世界粮食日暨全国爱粮节粮宣传周”专栏，专栏分为8个版块，全面介绍活动情况，宣传爱粮节粮典型经验，介绍爱粮节粮常识。在访谈专栏播发了对任正晓局长就“爱粮节粮、传承美德”进行的专访。中国电信、中国移动、中国联通于10月14～16日向广大手机用户发送“爱粮节粮、传承美德”的短信。

专栏

一 2013/2014年度国际粮油市场回顾

2013/2014年度全球谷物产量大幅增加，消费量增幅相对较小，供需状况较上年度宽松。根据联合国粮农组织数据，预计本年度全球谷物产量25.2 亿吨，同比增加2.1亿吨，增幅9.3%；全球谷物消费量24.2亿吨，同比增加9360万吨，增幅4%；全球谷物库存5.8亿吨，同比增加7870万吨，增幅15.6%。另据美国农业部数据，2013/2014年度全球谷物产量24.5亿吨，同比增加1.9亿吨，增幅8.3%；消费量23.9亿吨，同比增加1亿吨，增幅4.4%；库存量4.9亿吨，同比增加3855万吨，增幅8.5%。2013/2014年度全球油料产量5.1亿吨，同比增加2996万吨，增幅6.3%；消费量4.9亿吨，同比增加1814万吨，增幅3.9%；库存量8261万吨，同比增加1512万吨，增幅22.4%。

(一)小麦

全球小麦产量增加。根据美国农业部数据，2013/2014年度全球小麦产量7.1亿吨，比上年增加5603万吨，增幅8.5%。与上年度情况正好相反，本年度除美国减产外，其他多数主产国产量均有不同幅度的恢复性增加。预计2013/2014年度美国小麦产量5796万吨，同比减少371万吨，减幅6%。预计加拿大产量3750万吨，同比增加1030万吨，增幅37.8%。加拿大小麦生长阶段天气良好，再加上播种面积增加了近10%，因此产量大幅增加。乌克兰、俄罗斯、哈萨克斯坦等前独联体国家小麦播种面积大幅扩大，产量增长显著。预计2013/2014年度乌克兰小麦产量2228万吨，同比增加652万吨，增幅41.4%；俄罗斯产量5209万吨，同比增加1437万吨，增幅38.1%；哈萨克斯坦产量394万吨，同比增加410万吨，增幅41.7%。澳大利亚小麦产量在上年的基础上有所恢复，但仍未达到2011/2012年度的历史高点，预计产量2700万吨，同比增加454万吨，增幅20.2%。

全球小麦消费量增加。预计2013/2014年度全球小麦消费量6.95亿吨，同比增加943万吨，增幅1.4%。全球小麦饲用量连续第二年下降，预计为1.33亿吨，同比减少371万吨，减幅为2.7%；小麦食品和工业消费量持续缓慢上升态势，预计2013/2014年度全球小麦食用消费量5.6亿吨，同比增加1314万吨，增幅2.4%。

全球小麦贸易量增加。预计2013/2014年度全球小麦进口量1.5亿吨，同比增加926万吨，增幅6.4%；小麦出口量1.6亿吨，同比增加2349万吨，增幅17.1%。产量的大幅增加使得主产国小麦出口供应能力较上年大幅度提升。但澳大利亚、俄罗斯以及哈萨克斯坦等国小麦出口仍处于恢复阶段，并未达到历史高位。预计2013/2014年度加拿大出口小麦2250万吨，同比增加352万吨，增幅18.6%；俄罗斯出口1750万吨，同比增加621万吨，增幅55%；哈萨克斯坦出口750万吨，同比增加121万吨，增幅19.3%；欧盟出口2900万吨，同比增加638万吨，增幅28.2%。

全球小麦库存同比增加。预计2013/2014

年度全球小麦库存量1.9亿吨，同比增加1008万吨，增幅5.7%。各小麦主产国库存均有所恢复。预计本年度澳大利亚小麦库存524万吨，同比增加118万吨，增幅27.8%；加拿大库存1012万吨，同比增加507万吨，增幅100.2%；俄罗斯库存624万吨，同比增加129万吨，增幅26.1%。

2013年全球小麦价格总体处于下滑通道中。全球小麦供应充裕，市场需求保持平稳，使得其价格从年初即开始呈现缓慢下跌走势。直到9月，由于黑海地区的天气情况变差，有可能威胁到该地区小麦长势，再加上美国小麦出口形势良好，小麦价格出现一波小幅上涨行情。但随着北半球新季小麦的顺利播种，小麦市场价格在持续了一个多月的上涨后转而下跌。截至12月31日，芝加哥期货交易市场小麦最近交割期期货合约价格为605.3美分/蒲式耳，比年初下跌150美分/蒲式耳，降幅为19.9%。

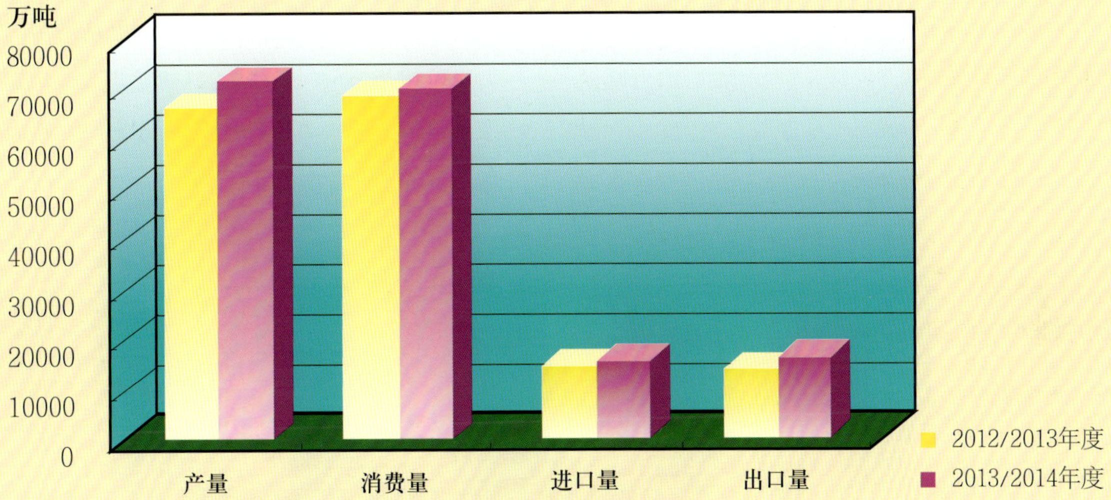

图1　全球小麦供求情况

(二)大米

全球大米产量稳定增长。根据美国农业部数据，2013/2014年度全球大米产量为4.8亿吨，为历史最高值，同比增加431万吨，增幅0.9%。大米产量近年来持续小幅稳定增加，主产国基本丰产。预计2013/2014年度印度产量1.1亿吨，比上年减少24万吨，减幅0.2%；泰国产量2050万吨，同比增加30万吨，增幅1.5%；巴基斯坦产量660万吨，同比增加80万吨，增幅13.8%；越南产量2780万吨，同比增加28万吨，增幅1%。

全球大米消费量同比增加。作为主食消费商品，刚性需求增加是近年来大米消费量持续缓慢增加的主要原因。预计2013/2014年度全球大米消费量4.7亿吨，同比增加728万吨，增幅1.6%。巴基斯坦增幅较大，从上年度的230万吨提高到本年度的260万吨，增幅13.1%。

全球大米贸易量增加。预计2013/2014年度全球大米进口量3909万吨，同比增加224万吨，增幅6.1%；出口量4091万吨，同比增加175万吨，增幅4.5%。印度大米出口量虽比上年减少，但仍将保持全球大米出口第一大国的地位，预计2013/2014年度其出口大米1000万吨，同比减少87万吨，减幅8%；泰国政府本年度加大了库存大米的销售力度，出口量有望超越越南，预计本年度出口大米900万吨，同比增加228万吨，增幅33.9%。中国进口量预计较上年略减20万吨～350万吨，仍居全球大米进口量首位。

全球大米库存量增加。预计2013/2014年度全球大米库存量为1.1亿吨，同比增加101万吨，增幅0.9%。

2013年全球大米供需相对宽松。虽然各主产国大米价格波动幅度不同，但以亚洲市场为核心的国际大米现货价格总体处于下滑通道中。泰国、越南等国近年的连续丰产使得其出口意愿较为强烈。特别是泰国，受前两年收购政策的影响，库存已高至千万吨。尽快销售大米库存，成为泰国政府支付农户收入的重要方式。以泰国为代表的大部分亚洲国家的大米出口报价也在2013年有所下调。从监测数据来看，截至2013年年末，泰国5%破碎率大米FOB价为420美元/吨，与年初相比，降幅为25%；越南同品质大米价格为410美元/吨，与年初基本持平；巴基斯坦同品质大米价格为385美元/吨，降幅接近10%。国际大米价格虽然出现不同幅度的下滑，但与国内米价相比，价格仍有优势。

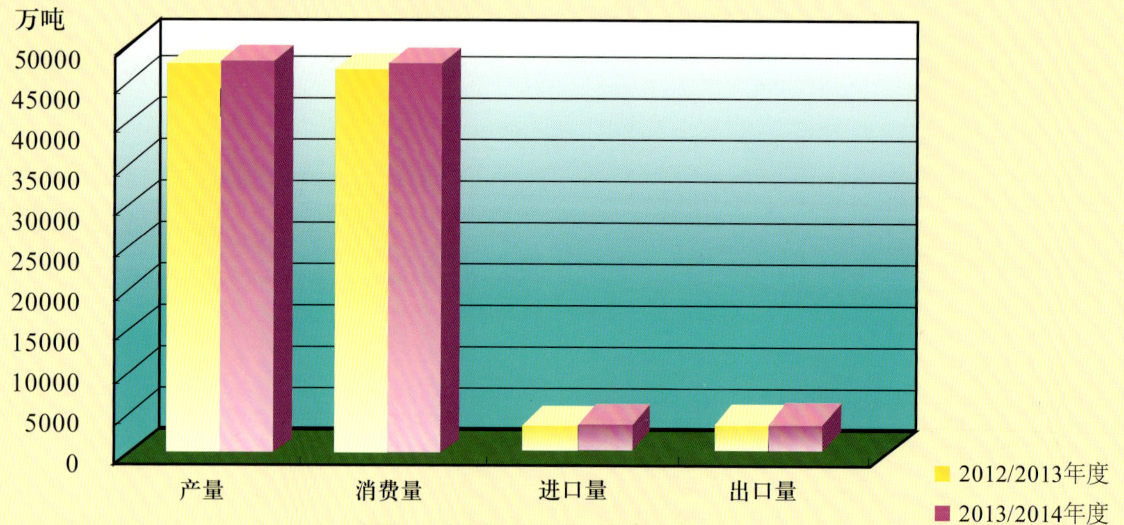

图2　全球大米供求情况

(三)玉米

全球玉米产量增长至历史高点。根据美国农业部数据，2013/2014年度全球玉米产量9.7亿吨，同比增加1.1亿吨，增幅12.3%。美国玉米产量大幅增加是全球产量增加的主要原因，预计2013/2014年度美国玉米产量3.5亿吨，同比增加7988万吨，增幅29.2%。乌克兰玉米播种面积增幅较大，产量激增，预计产量3090万吨，同比增加998万吨，增幅47.7%。南美玉米随着播种面积的降低，产量有所下降，预计本年度阿根廷产量2400万吨，同比减少300万吨，减幅11.1%；巴西产量7200万吨，同比减少950万吨，减幅11.7%。

全球玉米消费量增加。预计2013/2014年度全球玉米消费量9.4亿吨，同比增加7481万吨，增幅8.6%。玉米饲用消费量贡献率较大，预计本年度饲用消费5.8亿吨，同比增加5886万吨，增幅11.4%。其中美国本国玉米饲料消费从上年度的1.1亿吨增加到1.4亿吨，同比增加2457万吨，增幅22.3%。玉米食用与工业消费较上年有恢复性增加，预计本年度消费3.7亿吨，同比增加1595万吨，增幅4.5%。

全球玉米贸易量增加。预计2013/2014年度全球玉米进口量1.1亿吨，同比增加1451万吨，增幅14.7%；玉米出口量1.2亿吨，同比增加2463万吨，增幅25.8%。美国随着玉米产量的大幅增加，出口量预计将达4445万吨，同比增幅139.3%；南美地区玉米产量的减少带动出口量的下滑，抵消了部分美国玉米的出口增幅。

全球玉米库存大幅回升。预计2013/2014年度全球玉米库存1.6亿吨，为2001年以来的最高水平，同比增加2360万吨，增幅17.6%。美国玉米库存量提升尤为明显。预计2013/2014年度美国玉米库存量为3382万吨，同比增加1296万吨，增幅62.1%。南美地区玉米库存量有所降低，预计2013/2014年度阿根廷玉米库存量为112万吨，同比减少29万吨，减幅20.6%。

全球玉米价格在2013年波动幅度较大，阶段性特征明显。上半年全球玉米价格总体持续历史高位。其主要原因是全球最大的玉米出口国，美国2012年玉米产区受到干旱影响导致产量大幅减少，市场价格延续了2012年的走势。随着美国、中国等玉米主产国玉米播种面积扩大，特别是到了7月，玉米关键生长期间天气条件良好，单产增加趋势确定，全球玉米增产成为定局。由于上年度因美国大减产而导致的全球玉米供需偏紧格局得到有效改善，市场价格快速下滑。在几大谷物品种中，玉米价格降幅最大。截至12月31日，芝加哥期货市场最近交割期玉米期货价格为422美分/蒲式耳，比年初下跌268.8美分蒲式耳，降幅为38.9%。

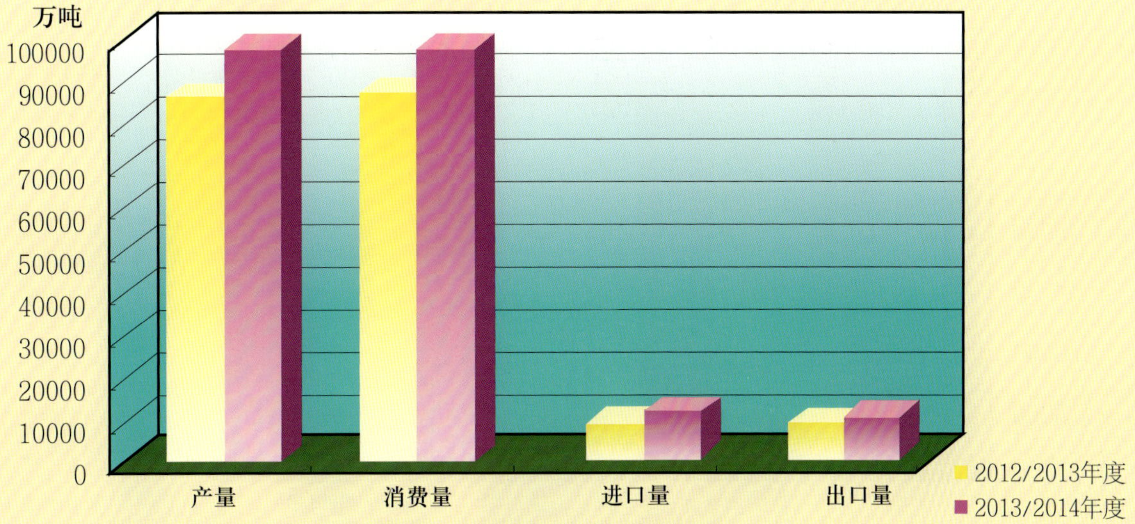

图3 全球玉米供求情况

(四)大豆

全球大豆产量大幅增加。根据美国农业部数据，2013/2014年度全球大豆产量2.8亿吨，同比增加1594万吨，增幅6%。三大主产国播种面积增加和单产提高使得大豆供应充裕。预计2013/2014年度阿根廷大豆产量5400万吨，同比增加470万吨，增幅9.5%；巴西产量8750万吨，同比增加550万吨，增幅6.7%；美国产量8951万吨，同比增加695万吨，增幅8.4%。

全球大豆消费量增加。预计2013/2014年度全球大豆消费量2.7亿吨，同比增加1026万吨，增幅4%。压榨消费的增加推动了全球大豆消费量提高，预计本年度全球大豆压榨消费量2.4亿吨，同比增加962万吨，增幅4.2%。另外，本年度食用消费量1557万吨，同比增加7万吨，增幅0.4%；饲用消费量1475万吨，同比增加57万吨，增幅4.1%。

全球大豆贸易量增加。预计2013/2014年度全球大豆进口量1.1亿吨，同比增加1037万吨，增幅10.9%。中国由于需求旺盛，预计本年度大豆进口将达到6900万吨，同比增加914万吨，增幅15.3%。全球大豆出口量1.1亿吨，同比增加878万吨，增幅8.7%。预计本年度美国大豆出口量将从上年度的3591万吨增加至本年度的4300万吨，增幅19.7%；巴西出口量4450万吨，同比增加260万吨，增幅6.2%。

全球大豆库存量增加。预计2013/2014年度全球大豆库存量6942万吨，同比增加1155万吨，增幅20%。南美两大主产国库存量提高幅度较大，预计阿根廷大豆库存量为2980万吨，同比增加740万吨，增幅33%；巴西库存量为1903万吨，同比增加305万吨，增幅19.1%。

2013年全球大豆价格呈现了先扬后抑的特点。上半年，南美港口堵塞问题严重，诸多大豆船期被推迟。但全球大豆需求旺盛，美国陈豆供应吃紧，大豆价格呈现上涨行情。7月中旬芝加哥期货近月合约价格达到年度最高点。但在关键的大豆灌浆期美国大豆产区天气形势良好，新季大豆有望增产。而增产预期也使得之前众多美国农户囤积惜售的陈豆开始陆续进入市场，大豆价格快速下滑。8～9月虽然天气情况出现反复，但最终仍未对大豆产量增加造成实质性影响，大豆价格也仅仅在一小波反弹后下跌到1250～1350美分/蒲式耳的区间之中。截至12月31日，芝加哥期货交易所大豆最近交割期价格为1312.5美分/蒲式耳，比年初下跌93美分/蒲式耳，跌幅16.5%。

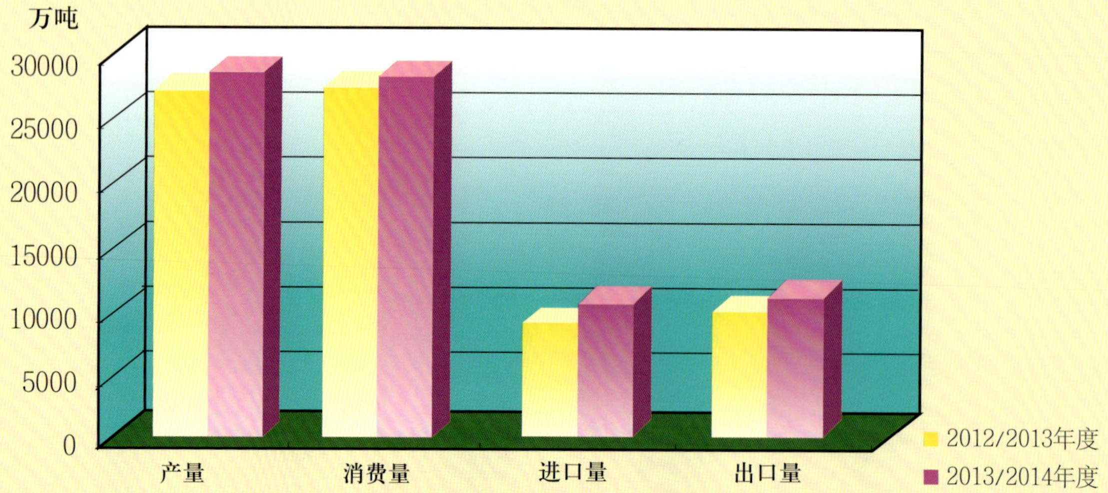

图4 全球大豆供求情况

二 联合国粮农组织（FAO）2014年全球粮食形势展望

联合国粮农组织（FAO）于2014年5月发布了今年首期粮食展望报告。基于当时播种情况，假设未来天气正常，2014年全球谷物产量将较上年有所下降，预计为24.58亿吨（稻谷折大米计），比上年减少2.4%左右，主要由于小麦和粗粮减产。2014/2015年度，预计全球谷物消费量将达到24.65亿吨，较上年度增加1.9%，而上年消费增幅为4%，2014/2015年度谷物消费增速减缓的主要原因是工业消费数量减少。全球范围内，人均年谷物消费量为153.4公斤。

2014/2015年度末，全球谷物库存预计降至5.66亿吨，较期初减少1.4%，主要原因是粗粮库存减少，世界谷物库存消费比略有下降，为22.7%，上年为23.3%。

FAO预计，2014/2015年度世界谷物贸易量较上年减少1.5%，主要由于玉米贸易量下降。尽管谷物总体供求情况尚好，但由于近期气候和黑海地区局势动荡原因，国际玉米和小麦价格出现较大幅度上涨。

表1 全球谷物供需概况

	2012/2013年度	2013/2014年度估计值	2014/2015年度预测值	2014/2015年度较2013/2014年度的变化率（%）
	（百万吨）			
全球情况：				
生产	2307.3	2518.8	2458.2	-2.4
贸易	310.2	335.7	330.8	-1.5
总消费	2327.3	2420.6	2465.7	1.9
食用	1075.2	1092.0	1108.2	1.5
饲用	802.1	858.2	882.8	2.9
其他用途	449.9	470.3	474.8	1.0
期末库存	502.7	573.9	565.8	-1.4
供需指标				
人均食用消费：				
全球（公斤/年）	152.1	152.7	153.4	0.5
低收入缺粮国家（公斤/年）	149.0	149.9	151.1	0.8

续表

	2012/2013年度	2013/2014年度估计值	2014/2015年度预测值	2014/2015年度较2013/2014年度的变化率（%）
	（百万吨）			
全球库存消费比（%）	20.8	23.3	22.7	
主要出口国库存消耗比（%）	16.9	18.4	17.7	
FAO谷物价格指数：（2002-2004=100）	2012年	2013年	2014年1~4月	2014年1~4月较2013年1~4月变化率（%）
	236	219	199	-16.6

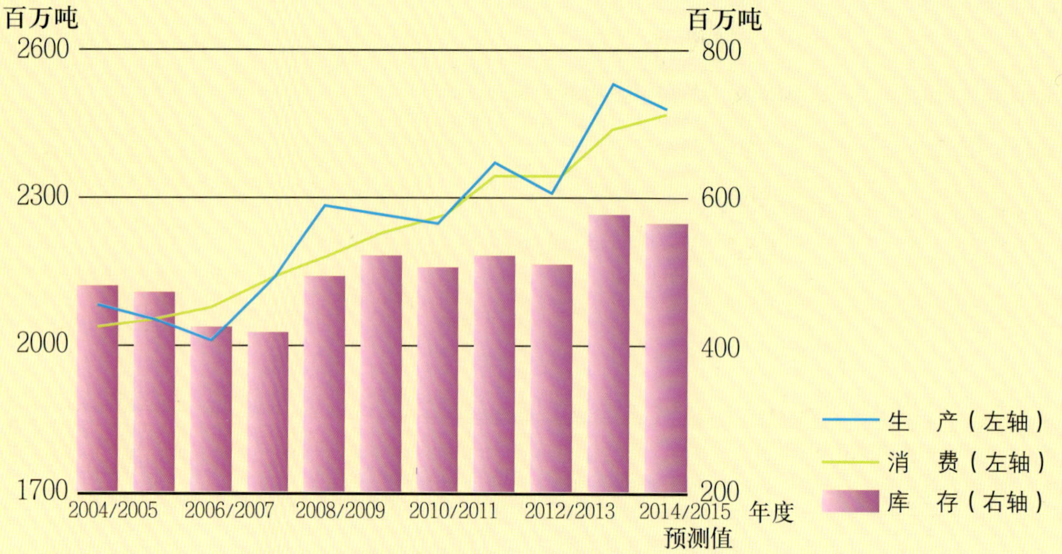

图5　全球谷物生产、消费与库存情况

（一）小麦

FAO预测2014年全球小麦产量约为7.02亿吨，较上年减少1.9%。小麦减产的主要原因是一些小麦主产国，如加拿大、澳大利亚等减产。

由于食用和饲用消费增长，2014/2015年度小麦消费量预计增长1.7%，达到6.99亿吨。2015年期末，全球小麦库存预计达到1.8亿吨，较期初增长1.1%，库存消费比为25.2%。主要小麦出口国库存下降，这也是为何近期国际市场小麦价格对天气和政治局势敏感的主要原因。

FAO预测2014/2015年度世界小麦贸易量将略有减少，为1.495亿吨，比上年减少100万吨。虽然部分亚洲国家进口需求旺盛，但整个亚洲小麦进口量略减，总进口量7430万吨，上年为7650万吨。欧盟小麦进口量由上年400万吨增加到630万吨。FAO预计欧盟小麦出口数量将有所减少，由上年2900万吨降至2550万吨。预计阿根廷小麦出口数量将由上年150万吨恢复至400万吨；如不出大的意外，预计乌克兰出口数量将维持在上年950万吨左右的水平。

表2 全球小麦供需概况

	2012/2013年度	2013/2014年度估计值	2014/2015年度预测值	2014/2015年度较2013/2014年度的变化率（%）
	（百万吨）			
全球情况：				
生产	659.7	715.1	701.7	-1.9
贸易	140.8	150.5	149.5	-0.7
总消费	685.6	687.9	699.2	1.6
食用	474.4	480.1	485.4	1.1
饲用	132.1	128.6	133.4	3.7
其他用途	79.0	79.1	80.5	1.8
期末库存	156.9	177.5	179.5	1.1
供需指标				
人均食用消费：				
全球（公斤/年）	67.1	67.2	67.2	0.0
低收入缺粮国家（公斤/年）	46.1	46.1	46.1	0.0
全球库存消费比（%）	22.8	25.4	25.2	
主要出口国库存消耗比（%）	14.1	15.3	14.2	
FAO小麦价格指数：（2002-2004=100）	2012年	2013年	2014年1~4月	2014年1~4月较2013年1~4月变化率（%）
	204	194	183	-11.7

1.小麦生产

FAO预测2014年全球小麦产量约为7.017亿吨，较上年减少1340万吨，仅次于2013年所创下的7.151亿吨历史最高纪录。主产国减产是造成全球小麦产量下降的主要原因，加拿大由于国内小麦价格偏低，导致播种面积减少，同时单产也较上年历史最高水平有所下降。

尽管美国中部和南部产区的小麦早期遭受了干旱，但若未来生长期降雨良好，干旱对产量的影响可以忽略。FAO预计美国2014年小麦总产量为5700万吨，较上年减少100万吨。

欧盟是全球最大的小麦生产地区，今年小麦经历了有利冬麦生长的冬季，虽然春季的旱情影响了比利时、荷兰、卢森堡、巴尔干半岛以及德国和中欧大部分地区的土壤墒情，欧盟小麦产量将取决于后期降水。若降水正常，2014年欧盟小麦产量预计为1.437亿吨，与上年历史最高纪录相当。欧洲独联体国家与欧盟情况相似。俄罗斯春小麦播种面积较上年增加而冬小麦播种面积减少，预计2014年俄罗斯小麦总产量为5100万吨，比上年减少2%；乌克兰小麦产量也将下降至1900万吨，较上年减少12%，主要由于播种面积和单产都有所降低。

在亚洲，2014年远东地区国家小麦收割已经进行或即将开始，由于天气条件总体有利，大多数主产国收成看好。中国3月发生了干旱，但4月降雨改善了小麦生长条件，FAO预计2014年中国小麦产量将达到1.22亿吨，与上年创纪录水平相当。中国小麦良好收成主要归因于政府的支持政策，包括：直补政策、最低收购价政策、良种、农机补贴及其他投入等。由于中国政府支持小麦生产，小麦的播种面积较上年略有增加。印度2014年小麦产量将达到9600万吨，为创纪录水平，增产主要原因为播种面积扩大了6%，同时降雨充沛，灌溉、化肥等投入充足；2014年巴基斯坦小麦产量官方预计为2540万吨，为创纪录水平，增产原因与印度相似；土耳其2014年小麦产量为1970万吨，较2013年历史纪录水平减少13%，上个秋季干旱和今年4月冻害是造成减产的主要原因；哈萨克斯坦预计2014年小麦产量为1480万吨，较上年增长2%。

在北非，小麦生长天气条件良好。埃及预计2014年小麦产量将达到900万吨，较上年增长2.3%；在阿尔及利亚和突尼斯，由于降雨分布较好，预计小麦收成良好，2014年产量将分别达到340万吨和170万吨；摩洛哥由于受冬季旱情影响，预计其2014年小麦产量为500万吨，较上年减少30%。

在南半球，澳大利亚冬小麦即将开播。早期迹象表明，澳大利亚小麦单产将回归平均水平，预计2014年小麦产量为2480万吨，较上年历史最高水平减少8.1%。南美洲小麦播种时间为5～9月，预计2014年南美洲冬小麦产量在上年基础上增长14%，总产量将达到2170万吨，主要由于阿根廷和巴西增产。中美洲及加勒比海地区，墨西哥小麦产量将增产6%，达到360万吨。

2.小麦消费

2014/2015年度全球小麦消费量预计增加到6.99亿吨，比上年度高1.6%。2014/2015年度全球小麦食用消费预计达到4.85亿吨，较上年增长1%，人均小麦食用消费稳定在每年67公斤。发展中国家食用消费小麦3.5亿吨，人均年消费为60公斤。发达国家食用消费小麦1.35亿吨，人均年消费为96公斤。

预计2014/2015年度小麦饲料消费为1.335亿吨，较上年增长3.7%。欧盟作为饲料小麦的最大消费地区，将带动2014/2015年度小麦饲料消费的增加，预计为5000万吨，较上年增长8%。预计中国饲料小麦消费为1900万吨，较上年增长6%，但远低于2011/2012年度2800万吨的消费量。美国小麦饲料消费预计稳定在600万吨左右。

3.小麦库存

基于目前对2014年小麦产量和2014/2015年度小麦消费量的预测，FAO认为，在2015年结束的小麦作物年度末，全球小麦库存为1.8亿吨左右，较期初水平增加280万吨，增长1.5%。主要原因是预计中国、欧盟、俄罗斯等国家库存增加。

FAO预测全球2014/2015年度小麦库存消费比为25.2%，远高于2007/2008年度的历史最低点19.9%。但是，主要小麦出口国库存消耗比（库存消耗为国内消费量加上出口量）将从2013/2014年度的15.3%下降至2014/2015年度的14.2%，反映出一些小麦主产国如加拿大、乌克兰等小麦出口库存减少。

4.小麦贸易

FAO预测2014/2015年度全球小麦贸易量为1.495亿吨，较上年度减少100万吨。由于出口国供给增加，小麦价格相对较低，2013/2014年度全球小麦贸易量激增了7%，创下了历史最高纪录，超过了1.5亿吨。

在亚洲，强劲的需求将维持全球小麦贸易量在高位运行。预计亚洲2014/2015年度小麦进口总量为7400万吨，仅次于上年的历史纪录，预计中国因小麦丰收而减少进口，而该地区其他进口国家将增加进口。预计伊朗进口量因经济制裁缓和而增加，为600万吨；印度尼西亚因国民饮食结构变化（面食需求增加），将成为继埃及、中国之后第三大小麦进口国，预计将达到720万吨。在欧洲，2014/2015年度小麦进口量预计为870万吨，较上年度的进口量增加近200万吨。在非洲，2014/2015年度小麦预计进口量总计为4000万吨，与上年持平。预计埃及小麦进口量保持在1050万吨左右；尼日利亚进口量也与上年相当，为420万吨；其他非洲国家情况相似，小麦进口量变化不大。在拉丁美洲和加勒比地区，2014/2015年度小麦进口量预计为2100万吨，较上年减少200万吨，主要因为巴西、墨西哥小麦获得丰收。

2014/2015年度，由于黑海地区地缘冲突，小麦出口格局将会有所改变。欧盟2013/2014年度小麦出口量创下2900万吨的历史纪录，预计2014/2015年度欧盟出口量将较上年减少350万吨，其减少的贸易份额将由阿根廷和澳大利亚取代。加拿大尽管小麦减产，但其出口数量因库存供给充足，将与上年水平相当，为2150万吨；美国小麦出口量也保持在上年水平，为3000万吨。在非传统出口国中，印度由于小麦连续丰收，预计出口量在500万吨左右。

5.小麦价格

2013全球小麦丰收激发了市场需求，同时使其价格从高位下跌。2014年2月第3周开始，由于美国小麦产区持续干旱以及黑海地区紧张局势升级，国际市场小麦价格出现急速上涨。然而，4月以来，随着美国旱情缓解，以及黑海地区时局并未影响出口，国际市场小麦价格失去了上涨的动力。这些也都反映在芝加哥期货市场小麦价格变化上。由于预计2014年粗粮供给充裕，这将限制饲料小麦价格的涨幅；高蛋白优质小麦价格相对坚挺。2014年基准美国2号硬红冬麦的4月海湾离岸价每吨平均为340美元，2014年1月、2月、3

月价格分别为288美元、303美元、334美元。

(二)粗粮

FAO预测2014年全球粗粮产量为12.55亿吨，较上年历史最高纪录减少3.9%，主要原因是美国减产。粗粮国际贸易在2013/2014年度激增10%，达到1.46亿吨后，2014/2015年度将减少2.7%，为1.42亿吨。玉米和大麦贸易量均有所降低。阿根廷、美国粗粮出口增加，加拿大、巴西、俄罗斯和乌克兰出口减少。假定地缘冲突不影响粗粮贸易，乌克兰将保持继美国、巴西、阿根廷之后第四大玉米出口国地位。

全球2014/2015年度粗粮消费将增长1.8%，为12.64亿吨。2013/2014年度由于美国产量回升，粗粮价格大幅下降，当年全球粗粮消费增长了7%，达到12.42亿吨。预计中国2014/2015年度粗粮消费增长8%，达到2.48亿吨，主要是饲料用粮增加。在2015年结束的作物年度末，全球粗粮库存预计为2.06亿吨，较期初减少900万吨，减幅为4%。预计美国和中国粗粮库存下降。全球粗粮库存消费比由上年17%下降至16.2%，主要出口国库存消耗比保持不变，反映粗粮供给情况尚可。

表3 全球粗粮供需概况

	2012/2013年度	2013/2014年度估计值	2014/2015年度预测值	2014/2015年度较2013/2014年度的变化率（%）
	（百万吨）			
全球情况：				
生产	1156.4	1306.7	1255.4	-3.9
贸易	132.2	146.0	142.0	-2.7
总消费	1163.4	1242.4	1264.2	1.8
食用	198.4	201.7	205.7	2.0
饲用	656.6	715.6	735.2	2.7
其他用途	308.4	325.1	323.4	-0.5
期末库存	171.0	215.5	206.3	-4.3
供需指标				
人均食用消费：				
全球（公斤/年）	28.1	28.2	28.5	1.1
低收入缺粮国家（公斤/年）	39.7	39.8	40.2	1.0
全球库存消费比（%）	13.8	17.0	16.2	
主要出口国库存消耗比（%）	8.4	12.1	12.1	
FAO粗粮价格指数：（2002-2004=100）	2012年	2013年	2014年1~4月	2014年1~4月较2013年1~4月变化率（%）
	283	246	202	-28.7

1.粗粮生产

FAO预测2014年全球粗粮产量为12.55亿吨，较上年历史最高纪录减少3.9%，仍高于过去5年平均水平。产量减少的主要原因是美国预测玉米价格走低，播种面积减少。阿根廷、巴西、乌克兰预计粗粮也减产。

2014年全球玉米产量预计达到9.67亿吨左右，较2013年减少4%。美国玉米播种面积略有下降，若后期气候正常，2014年产量预计为3.3亿吨，2013年美国玉米产量为3.54亿吨。中国作为世界第二大玉米生产国，2014年中国玉米产量预计因种植面积增加而再创新高，达到2.18亿吨。

欧盟国家的玉米播种面积略有减少，尤其是法国、波兰和罗马尼亚。然而，考虑总体玉米单产提高，欧盟2014年玉米产量将达到6680万吨左右，较上年增产3.4%。

在南半球，一些国家2014年的玉米收获已经基本完成。在南美洲，预计玉米产量为1.11亿吨，较上年历史纪录减产约10%，但仍比过去5年平均水平高14%，减产主要原因是阿根廷气候不佳，以及巴西第二季玉米播种面积减少。在中美洲，墨西哥作为该地区最大玉米生产国，预计产量较上年下降7%，为2100万吨。

在南部非洲，玉米的收割正在进行，预计该地区玉米总产量为2500万吨，较2013年增长10%。南非作为该地区玉米主要生产国和出口国，预计2014年总产量为1360万吨，比上年增产10%。

FAO预测2014年全球大麦产量为1.36亿吨，较2013年历史最高纪录减少6.4%。大麦主产国均不同程度减产，尤其是欧洲国家，以及加拿大、土耳其和澳大利亚。FAO预测2014年全球高粱产量为6050万吨，与上年产量持平。

2.粗粮消费

FAO预计2014/2015年度全球粗粮消费将达到12.64亿吨的历史高点，较上年度增长1.8%，2013/2014年度全球粗粮消费年增长达到了7%。

2014/2015年度全球粗粮食用消费量预计达到2.06亿吨，较上年增长2%。中美洲和加勒比地区以及非洲许多国家，相对小麦和稻米，粗粮的食用消费占据重要份额。全球人均粗粮食用消费每年约29公斤，但在非洲人均为78公斤，中美洲人均为99公斤。2014/2015年度全球粗粮饲料消费量预计达到7.35亿吨，较上年增长2.7%。2013/2014年度，因为玉米供给充足，价格经济，其饲料消费量增长了9%。2014/2015年度全球粗粮工业消费预计接近3亿吨。

3.粗粮库存

FAO预测2014/2015年度全球粗粮期末库存为2.06亿吨，较上年期初2.15亿吨的库存减少4%，约900万吨。玉米库存降至1.62亿吨，较期初减少4%；大麦库存为2800万吨，较期初减少1.4%。中国和美国库存下降是造成全球粗粮库存减少的主要原因，尽管中国粗粮产量将创新高，但强劲的消费需求使得中国粗粮库存降为6200万吨，比上年低600万吨；美国粗粮产量降低，同时需求增加，库存将降至3300万吨，比上年减少300万吨。

FAO预计2014/2015年度全球粗粮库存消费比为16.2%，比上年减少1%，但仍高于2012/2013年度的历史低点13.8%。主要出口国库存消耗比维持在12%左右。

4.粗粮贸易

FAO预测2014/2015年度全球粗粮贸易较上年下降3%，为1.42亿吨。玉米和大麦贸易量略降，其他包括燕麦、黑麦和小米保持上年水平。玉米贸易量预计为1.1亿吨，较上年最高历史纪录减少300万吨。玉米贸易量减少，主要因为欧盟进口量从2013/2014年度的1200万吨下降至700万吨，反映出欧盟玉米产量增加以及小麦供给增加。

预计亚洲粗粮贸易量增加，玉米进口量较上年略有增长，达到5700万吨。尽管预测中国玉米产量将再创新高，2014/2015年度中国玉米进口预计为600万吨，中国自2010年以来玉米进口一直呈上升趋势；预计日本2014/2015年度进口玉米1560万吨，是最大的玉米进口国；韩国2014/2015年度玉米进口量较上年增加50万吨，达到950万吨。非洲2014/2015年度的玉米进口量预计较上年增加30万吨，达到1700万吨，主要原因是埃及、摩洛哥扩大进口。拉丁美洲和加勒比地区，墨西哥预计玉米减产，其2014/2015年度玉米进口量预计增至1100万吨。

2014/2015年度全球大麦贸易预计为2000万吨，较上年下降100万吨。亚洲减少大麦进口70万吨，预计进口1600万吨，其中全球最大的大麦进口国沙特阿拉伯，其进口量较上年减少50万吨，预计为850万吨。

2014/2015年度全球高粱贸易量预计为750万吨，与上年基本持平。亚洲2014/2015年度高粱进口将达到400万吨，较上年增加15万吨，中国高粱进口将达到220万吨，中国进口增加与高粱不受关税配额管制有关，目前，中国已超过墨西哥成为最大的高粱进口国。墨西哥预计2014/2015年度进口高粱100万吨，低于往年200万吨～300万吨的进口量。

粗粮出口方面，由于预计2014/2015年粗粮贸易量下降，除了美国和阿根廷外，其他出口国贸易量都将较上年减少。2014/2015年度阿根廷玉米出口预计回升至1650万吨，较上年增加250万吨；预计美国玉米出口量为3600万吨，较上年增加100万吨；预计乌克兰2014/2015年度粗粮总出口量为1800万吨，较上年减少230万吨。

5.粗粮价格

尽管近期国际粗粮价格走强，但还是远低于过去两年的平均水平。2014年基准美国2号黄玉米4月离岸价格平均每吨为224美元，虽然较年初上涨了13%，但较2013年同期报价仍低21%。2013年，作为全球最大的玉米生产国和出口国，美国玉米产量大幅回升，使国际市场玉米价格大幅下跌。其他粗粮品种情况也相似，饲料大麦、高粱的4月报价较上年同期低10%。近几周，小麦涨价的溢出效应和黑海局势为国际粮价提供了支持。但对于玉米影响不大，主要原因是中国对M162转基因玉米进行退货。

4月底，芝加哥交易市场12月交货的玉米期货价格每吨为224美元，较上年同期低9%。尽管预测2014年玉米减产，由于库存充裕，2014年玉米价格低于2013年水平。未来几个月的天气对玉米产量将起决定性作用，后期黑海地区的局势也会对玉米生产和市场产生较大影响。

(三)稻米

全球稻米价格缺乏吸引力，可能受厄尔尼诺异常气候影响，2014年全球稻米增产受限。亚洲是最易受到不良气候影响的区域，此外，泰国暂停稻农收入担保计划可能导致种植面积减少。2014年，非洲和美洲的稻米生产较快增长。根据目前预测，国际稻米贸易在2014年将创下新的历史纪录，供应国供给充足，传统进口国如孟加拉、印度尼西亚和菲律宾不断增加采购数量。泰国有望在贸易扩大中受益，其出口报价已接近竞争对手；印度国内需求增加和局部地区稻米高价将可能抑制稻米出口数量。全球稻米生产数量可能满足不了消费需求，2015年稻米库存将出现十年内首次降低。国际稻米价格在过去的4个月中走势不一，粳稻价格有所上涨，但籼稻价格呈下降趋势。未来数月，国际稻米价格由于受厄尔尼诺气候影响将呈现高度不确定性。

表4 全球稻米供需概况

	2012/2013年度	2013/2014年度估计值	2014/2015年度预测值	2014/2015年度较2013/2014年度的变化率（%）
	（百万吨）			
全球情况：				
生产	491.2	496.9	501.1	0.8
贸易	37.2	39.3	39.2	-0.2
总消费	478.3	490.3	502.3	2.4
食用	402.4	410.1	417.1	1.7
期末库存	174.8	180.9	180.1	-0.4
供需指标				
人均食用消费：				
全球（公斤/年）	56.9	57.4	57.7	0.5
低收入缺粮国家（公斤/年）	63.2	64.0	64.7	1.1
全球库存消费比（%）	35.7	36.0	35.1	
主要出口国库存消耗比（%）	28.1	27.8	27.0	
FAO稻米价格指数：（2002-2004=100）	2012年	2013年	2014年1~4月	2014年1~4月较2013年1~4月变化率（%）
	231	233	235	-1.0

1.稻米生产

每年的这个时候，沿赤道及其南部，有些国家稻米已经收获。但在北半球，占世界稻米总产量87%的地区，新作正在播种。根据目前FAO预测，全球2014年稻米产量将达到5.011亿吨，较2013年增加400万吨，增长0.8%。如果得到确认，这将是稻米连续第三年小幅增长。2014年中期的厄尔尼诺现象将影响世界稻米增产，亚洲作为稻米主产区，厄尔尼诺现象通常会带来干旱，这可能使该地区农民转种其他耐旱作物。

FAO预计2014年亚洲稻米产量为4.532亿吨，较上年增长0.5%，该地区增产幅度变缓，反映了气候和价格的双重不利影响。亚洲稻米产量增加主要来自中国，预计产量为1.41亿吨，2014年中国政府继续支持粮食生产，特别是小麦和稻米。中国2014年稻谷的支持价格再次上调，但远远低于往年幅度。目前，中国国内稻米价格相当于每吨440～504美元，按照国际标准已经是非常高的了。FAO预计印度稻米产量增长1%，再创新高，达到1.07亿吨。但周期性厄尔尼诺对印度稻米生产的负面影响不容忽视，2009年，受厄尔尼诺影响，印度水稻产量曾减少了10%。印度尼西亚是世界上第三大稻米生产国，也特别容易受厄尔尼诺气候影响，2014年印度尼西亚已经收获了主要作物，因此厄尔尼诺更可能影响到印度尼西亚2015年的第一季作物。由于超过30万公顷水稻受年初洪水影响，以及今年虫害破坏，印度尼西亚政府预计2014年稻谷产量为7300万吨，相当于4600万吨大米。孟加拉国、柬埔寨、缅甸、菲律宾和巴基斯坦的稻米预计也获得丰收。越南稻米产量增幅不大，主要是政府鼓励农民种植玉米和大豆。相比之下，2014年的稻米产量展望为负面的国家包括斯里兰卡、日本、老挝和泰国。2014年2月，泰国暂停了生产者收入担保计划，虽然目前还不清楚计划何时能重启，但目前下降的生产者价格将导致泰国2014年稻米播种面积和产量下降2%。

在非洲，稻米生产的前景整体看好，FAO预测2014年非洲稻米产量增长3%，达到1840万吨。预计马达加斯加、布基纳法索、科特迪瓦、加纳、几内亚、马里和塞拉利昂等国家稻米增产，其中大多数国家的政府都支持稻米生产。相比之下，尼日利亚稻米产量可能会下降。在该地区的其他国家，坦桑尼亚因降雨分布不均，可能会减产5%；莫桑比克预计会因过量降雨和洪涝灾害而造成产量下降；埃及可能会减产1%，产量约为400万吨。

在拉丁美洲和加勒比地区，南部国家稻谷已获丰收。预计该地区稻米产量将增长3%，达到1950万吨。其中巴西、阿根廷、哥伦比亚、厄瓜多尔、圭亚那和巴拉圭等国增产，玻利维亚、秘鲁和乌拉圭产量下降。中美洲和加勒比地区，2014年稻米播种刚刚开始，因政府持续支持稻米生产，哥斯达黎加、古巴、墨西哥和尼加拉瓜稻米产量预计也增加。

在北美，预计美国稻米产量较上年增长12%，达到690万吨。南部主产州均增产，而加利福尼亚州受干旱影响减产。

在欧洲，预计欧盟稻米产量在2013年受灾基础上恢复性增长3%。2013年欧盟共同农业政策的改革方案已于2014年1月1日生效，作为过渡措施，欧盟有资格的稻米生产者仍可收到每公顷177欧元的脱钩补贴。预计俄罗斯稻米产量也将恢复。

在大洋洲，由于澳大利亚主产区新南威尔士州受干旱影响和低温影响，2014年稻米产量将下降22%。

2.稻米消费

FAO预计全球2014/2015年度稻米消费量约为5.022亿吨，较上年增加1200万吨，增长2.4%。主要原因是食用消费不断增加，这个年度将达到4.17亿吨，较上年增长1.7%，即700万吨。然而，饲料和其他用途的消费，包括种子、非食品加工和浪费数量预计也增加。考虑到世界人口预计增长1.4%，人均大米食用消费将上升到

57.7公斤，略高于2013/2014年度的57.4公斤。

3.稻米库存

根据最新估计，2014年全球大米结转库存将连续第九年增长，达到1.809亿吨（以大米计），较期初增长3.4%，增加600万吨。稻米库存的增加都集中在发展中国家，中国的稻米库存进一步增加是主要因素。相比之下，发达国家的结转库存将减少5%。作为一个整体，五大稻米出口国总体库存增加，其中巴基斯坦、泰国和越南稻米库存增加，印度和美国减少。基于全球初步的稻米生产、贸易和消费情况，FAO预计2015年全球稻米结转库存为1.801亿吨，较上年减少0.4%，这是近十年来稻米库存首次出现下降。世界稻米库存消费比2012/2013年为35.7%，2013/2014年为36.0%，而2014/2015年稻米库存消费比预计将下降至35.1%。

4.稻米贸易

FAO预计2014年全球稻米贸易量将增长5.5%，达到3930万吨。稻米供给充足加剧了出口商之间的竞争，导致出口报价降低。在此背景下，传统进口国择机增加了稻米采购。泰国于2014年2月暂停了生产者收入担保计划，这使得该国稻米出口报价大幅下跌，重获竞争优势，泰国2014年稻米出口预计从2013年660万吨上升到870万吨；越南2014年稻米出口预计达到720万吨，较上年增加50万吨；据美国官方预测，其稻米出口数量稳定在330万吨左右；2014年印度稻米出口量从2013年的1050万吨降至980万吨。

5.稻米价格

2014年年初以来，国际稻米价格不同品种变化趋势不同。因美国和澳大利亚供给减少，粳米价格涨幅较大。长粒米价格走弱，反映供给充足，优质籼米价格指数在2014年1～4月间下跌了4%，同期低质量的籼米价格指数一直徘徊在200点以下，这是自2010年8月以来的最低价位。香米价格相对稳定。籼米价格指数下跌的主要原因是泰国稻米报价一直下滑。2014年4月，基准的泰国白米100%B报价为每吨408美元，这是自2008年1月以来的最低水平；该品种稻米在2014年1～4月份平均价格是每吨440美元，较2013年同期低27%。

(四)油脂油料

FAO预测除棕榈油外，全球油料产量在2013/2014年度将再创新高。受供应量上升和亚洲发展中国家需求增长影响，全球植物油、粕消费量将持续增加。但由于国际粕价异常坚挺，以及玉米供应量有所增加，预计粕消费量增长有限。生物柴油需求上升预计推动植物油消费。

未来几个月，随着南美大豆大量入市以及中国进口需求增长放缓，全球油料和粕的供需紧张情况将明显缓解。但植物油供需情况相对复杂。

表5　全球油料供需概况

	2011/2012年度	2012/2013年度估计值	2013/2014年度预测值	2013/2014年度较2012/2013年度的变化率（%）
		（百万吨）		
总体油料：				
生产	455.9	481.9	509.4	5.7
油脂				
生产	184.6	189.4	201.1	6.2
供给	216.0	221.6	232.7	5.0
消费	184.1	189.4	198.0	4.6
贸易	98.2	102.3	105.4	3.1
库存消费比（%）	17.5	16.7	17.3	
主要出口国库存消耗比（%）	10.3	9.0	9.6	
饼粕				
生产	111.3	119.6	126.9	6.1
供给	132.4	137.2	145.0	5.7
消费	116.4	117.8	121.9	3.4
贸易	72.9	73.3	79.8	8.8
库存消费比（%）	15.2	15.4	18.0	
主要出口国库存消耗比（%）	5.9	7.9	9.6	
FAO油料价格指数：（2002-2004=100）	2012年	2013年	2014年1~4月	2014年1~4月较2013年1~4月变化率（%）
油料	224	207	204	-8.4
饼粕	241	255	268	9.6
油脂	224	193	198	-0.4

1.油脂油料生产

2013/2014年度全球油料种植面积增加和单产提高，产量将强劲反弹，预计为5.094亿吨，较上年增长5.7%。美国大豆供应持续偏紧刺激了全球大豆种植，预计全球大豆产量将达2.813亿吨，较上年增长5.3%。油菜籽产量也将大幅增长，预计达到7150万吨，增长11.3%。

预测2013/2014年度全球油脂产量较上年增长6.2%，达到2.01亿吨。增长的原因是大豆、油菜籽、葵花籽和花生等油料增产。南亚的不利气候延长，加之今年下半年的厄尔尼诺天气，将会给棕榈油生产带来不确定性。预计全球油脂供应量为2.33亿吨（包括2013/2014年度产量和2012/2013年度期末库存量），将较上年增长约5%。

2.油脂油料消费

预计2013/2014年度全球油脂消费量为1.98

亿吨，较上年增长4.6%。亚洲一些国家经济持续增长，油脂价格相对较低，以及油脂作为生物柴油原料需求上升等因素刺激了油脂的消费。大豆、油菜籽、葵花籽油消费较旺盛，而棕榈油消费不及以往。

预计2013/2014年度全球粕消费量为1.22亿吨，较上年增加3.4%，主要因为豆粕、油菜籽和葵花籽粕消费量增长。

3.油脂油料库存

FAO预测2013/2014年度全球油脂期末库存（包括油脂库存和油料库存中的油）约为3500万吨，较上年增长9%。大豆、油菜籽和葵花籽（以及对应油）库存的增加可能会抵消棕榈油库存的减少。加拿大和中国油菜籽产量再创新高，因此菜籽油库存也有望达到历史最高点。预计大豆库存增长最快的国家主要为中国、阿根廷和巴西。美国大豆出口量较大，因此库存仍保持在上年的低位。预测棕榈油产量下降，印度尼西亚和马来西亚的棕榈油库存也可能相应下降。

尽管全球油脂库存出现较大增长，但预计2013/2014年度油脂库存消费比为17.3%，较上年16.7%的低位升幅有限。主要出口国的库存消耗比增加幅度甚至更小，这也是国际油脂价格近几个月持续走高的原因之一。

4.油脂油料贸易

FAO预计2013/2014年度全球油脂贸易量达到1.054亿吨（包括交易油料中所含的油），较上年增长3.1%。油脂贸易增速放缓，原因是主要进口国消费增长疲软。欧盟、中国和印度这三个主要进口地区的国内供应相对较为充足，削弱了进口需求的增长。出口方面，大豆油、葵花籽油和菜籽油供应充足，将抵消可可和棕榈油出口量的减少。

全球饼粕贸易量（包括交易油料中所含的油）预计在2013/2014年度再创新高，达到7980万吨，较上年提高9%。

5.油脂油料价格

2013/2014年度（上年10月至次年9月），FAO根据当时的全球油料生产前景，预计油料作物和衍生品价格将下滑。由于油料，尤其是大豆产量将连续第二年大幅增长，全球供应情况得到改善，油粕价格也会相应回落。

然而，2014年2月以来，市场情况发生了变化。全球油料和油粕价格一路走高，主要原因是巴西和阿根廷的出口供应有限（以旧作为主），而中国的大量需求使美国大豆库存快速下降。同时，不利天气影响了南美大豆新作产量，市场对供应抱有一定程度的担忧，从而影响了市场价格。到4月中旬，芝加哥交易所大豆和豆粕的期货价格已经超过上年同期对应价格。受不利天气影响，东南亚棕榈油产量低于预期，而全球棕榈油需求持续增长（相当一部分来自生物柴油行业），市场预期棕榈油库存将减少，棕榈油价格被推升至18个月以来的高位。受棕榈油价格上行影响，其他植物油价格近几个月也持续走高。后期，随着南美大豆入市，以及中国进口需求放缓，未来几个月全球油料、油粕供需情况将得到改善，油料、油粕价格会出现回落。

附录

一 2013年大事记

一月

1月15日，中共中央政治局常委、国务院副总理李克强到国家粮食局科学研究院考察调研，并主持召开座谈会。座谈会上，国家粮食局局长任正晓汇报了粮食流通工作，专家们围绕国际国内粮食形势、粮油科技等谈了看法和建议。李克强指出，解决好农业和粮食问题，要放在发展的全局中来统筹。守住管好“天下粮仓”，就是要把好耕地红线、打牢农业基础、确保粮食安全。李克强指出，要做好“广积粮、积好粮、好积粮”三篇文章。广积粮，就是要着力稳定粮食产量和提高粮食综合生产能力；积好粮，就是要适应人民生活水平提高和消费升级，增加优质粮油的产量和储备；好积粮，就是要改善储运条件，减少产后损失，健全市场体系，做到随时可调，保证能及时调到需要的地方、调到困难群众手中。李克强强调，守住管好“天下粮仓”，推动“新四化”，仍然要靠改革创新。要深化企业、财税、金融、户籍、土地管理制度、价格等改革，释放发展的巨大潜力、源头活力和持久动力，最终使人民尤其是广大农民得到红利、收到实惠。

1月17日，全国粮食公益性行业科研专项经费管理咨询委员会成立会议在京召开。会议审议通过了国家粮食局粮食公益性行业科研专项管理咨询委员会的章程，来自科技、农业、轻工、教育、林业、粮食等领域的院士、专家及科技管理人员参加了会议。此次会议的召开，标志着粮食公益性行业科研专项准备工作正式启动。任正晓同志向委员会成员颁发了聘任证书，吴子丹同志出席会议并讲话。

1月22～23日，经国务院批准，全国粮食流通工作会议在北京召开。会议认真贯彻中共十八大精神，全面落实中央经济工作会议、中央农村工作会议关于粮食工作的决策部署，传达贯彻李克强副总理1月15日视察指导粮食流通工作时的重要讲话，传达学习了国务院副总理回良玉对会议工作报告的重要批示，总结交流2012年粮食流通工作，分析当前面临的新形势，研究部署2013年工作任务。会议提出2013年要以抓收购、保供给、稳粮价为中心工作，着力推进四项重点工作：一是积极推动粮食安全省长负责制的全面落实；二是启动实施“粮安工程”；三是着力提高粮食经济增长质量和效益；四是大力实施创新驱动发展和人才兴粮战略。国家发展和改革委副主任张晓强出席会议并讲话。任正晓同志作工作报告，赵中权同志作纪检监察工作报告，曾丽瑛同志作会议总结。吴子丹、卢景波及全国政协委员聂振邦同志出席会议。

1月22～23日，全国粮食系统纪检监察工作会议在北京召开。会议认真传达学习了习近平总书记在中纪委二次全会上的重要讲话和王岐山同志在全会上的工作报告，总结交流2012年纪检监察工作，研究部署2013年党风廉政建设和反腐败工作任务。任正晓同志出席会议并讲话，赵中权同志作工作报告。

1月24日，国家粮食局召开党组（扩大）会议，传达学习习近平总书记在第十八届中央纪律检查委员会第二次全体会议上的重要讲话和王岐山同志的工作报告。会议研究提出2013年党风廉政建设和反腐败的重点工作。

1月30日，2013年国家继续在粮食主产区实行最低收购价格政策，并适当提高最低收购价格水平。国家有关部门公布，2013年生产的早籼稻（三等，下同）、中晚籼稻和粳稻最低收购价格分别提高到每50公斤132元、135元和150元，比2012年分别提高12元、10元和10元。

二月

2月2日，国务院任命徐鸣同志为国家粮食局党组成员、副局长（副部长级）。

2月19日，国家粮食局直属机关党委召开党委扩大会议，认真传达学习马凯、李智勇、俞贵麟同志在中央国家机关第二十七次党的工作会议暨第二十五次纪检工作会议上的讲话精神，总结2012年工作，研究部署2013年机关党建工作。会议讨论通过了《国家粮食局直属机关2013年党建工作要点》。赵中权同志出席会议并讲话。

2月28日，全国粮食流通监督检查工作会议在海南省海口市召开。会议传达学习了中共中央政治局常委、国务院副总理李克强1月15日在国家粮食局座谈会上的重要讲话，认真贯彻落实全国粮食流通工作会议的部署，总结交流2012年粮食流通监督检查工作，研究安排2013年粮食流通监督检查工作任务。吴子丹同志出席会议并讲话。

三月

3月1日，全国粮食行业人事人才工作座谈会在云南省昆明市召开。会议传达学习了中共中央政治局常委、国务院副总理李克强1月15日在国家粮食局座谈会上的重要讲话和全国粮食流通工作会议精神，总结交流2012年粮食行业人事人才工作，研究安排2013年工作任务。

3月5～6日，全国粮食质量安全监管工作会议在云南省昆明市召开。会议传达贯彻了李克强副总理在国家粮食局座谈会上的重要讲话和国务院食品安全委员会第五次全体会议的重要精神，贯彻落实全国粮食流通工作会议确定的质量安全监管工作任务，总结交流2012年监管工作经验，研究部署2013年粮食质量安全监管重点工作。吴子丹同志出席会议并讲话。

3月26～27日，全国军粮供应工作座谈会在重庆市召开。会议学习贯彻了中共十八大精神和李克强同志关于粮食工作重要讲话精神，落实全国粮食流通工作会议部署，回顾总结2012年工作，研究部署下一阶段工作。卢景波同志和武警部队后勤部副部长傅凌少将出席会议并讲话。

3月28～29日，全国粮食调控与统计工作会议在湖北省武汉市召开。会议深入学习贯彻李克强同志在国家粮食局视察指导粮食工作的重要讲话精神，贯彻落实全国粮食流通工作会议的部署，总结交流2012年粮食调控与统计工作，研究分析当前面临的形势和任务，对2013年的工作做出安排和部署。会议还公布了2012年度全国粮食流通统计工作考核结果。会前，任正晓同志做出批示，充分肯定了2012年粮食调控与统计工作的成绩，对2013年的工作提出了明确要求。卢景波同志出席会议并讲话。

3月下旬至4月上旬，为了解各地传达学习、贯彻落实李克强同志视察粮食工作重要讲话精神的进展情况，国家粮食局派出5个调研组，分别由局领导同志带队，采取实地调研部分重点省份和召开分片座谈会的形式，开展贯彻落实李克强同志视察粮食工作重要讲话精神专题调研活动。同时，就各地贯彻落实全国粮食流通工作会议精神、落实粮食安全省长负责制、推进“粮安工程”建设、秋粮收购入库和国有粮食企业改革等方面的情况进行了深入了解。

四月

4月2～3日，全国粮食财会工作会议在福建省福州市召开。会议认真学习李克强总理在国家粮食局视察指导粮食工作时的重要讲话，贯彻落实全国粮食流通工作会议部署，总结2012年全国粮食财会工作，会审汇编2012年度全国国有粮食企业会计报表，安排布置2013年粮食财会工作。任正晓同志对本次会议做出重要批示，曾丽瑛同志出席会议并讲话。

4月8日，国家粮食局局长任正晓在北京会见了来访的秘鲁农业部部长米尔顿·冯·埃塞先生一行。宾主双方探讨了在粮食流通领域开展交流与合作事宜，一致表示要在两国进入发展全面战略伙伴关系的新形势下，进一步加强两国农业及粮食行业在粮食储藏、粮油加工、质量检测及粮油科技等方面的广泛合作。

4月8日，国家粮食局召开党组扩大会议，传达学习国务院第一次廉政工作会议精神，认真学习领会李克强总理在会议上的重要讲话精神，研究提出进一步加强粮食系统党风廉政建设和反腐败工作的具体措施。

4月12日，为认真贯彻落实中共十八大精神，切实加强粮食文化建设，充分发挥粮食文化对粮食流通事业科学发展的引领推动作用，国家粮食局印发《关于加强粮食文化建设的指导意见》。

4月20日，四川雅安地震发生后，国家粮食局党组书记、局长任正晓立即向四川省粮食局电话了解震情灾情，要求省市粮食部门立即行动起来，全力投入抗震救灾。随后，任正晓主持召开紧急会议，研究部署抗震救灾工作。

4月26日，中央纪委常委、中央国家机关工委副书记、纪工委书记俞贵麟一行到国家粮食局调研巡视，调研了解国家粮食局深入贯彻落实中央政治局“八项规定”，转变工作作风，加强机关党的建设特别是加强党风廉政建设的情况。任正晓同志向调研巡视组汇报了国家粮食局工作情况，赵中权同志汇报了党风廉政建设情况。调研巡视组分别召开了司局级党员干部座谈会和重点部门、重点岗位党员干部座谈会，查阅了有关制度规定。

五月

5月3日，考虑到2012年东北地区玉米收获期推迟，秋粮上市以来雨雪频繁，玉米水分普遍偏高，受市场需求不旺等因素影响，农民手中仍有部分玉米待售。根据玉米收购进展情况，国家粮食局会同有关部门联合下发电报，将2012年国家临时存储玉米收购截止期由2013年4月30日延长至2013年5月31日。

5月8日，为认真贯彻落实党中央、国务院关于厉行节约、反对浪费的精神，动员全国粮食行业广大员工带头爱粮节粮、反对浪费，以粮食行业带头节粮减损的好行风，促进全社会树立起爱粮节粮的新风尚，国家粮食局印发《关于粮食行业带头爱粮节粮反对浪费的指导意见》。

5月9～19日，国家发展改革委、国家粮食局、财政部、中国农业发展银行派出6个粮食库存检查部门联合抽查工作组，分赴河北、山西、内蒙古、吉林、湖北、重庆6个省（区、市），对重点企业的粮食库存进行随机抽查。之前，国家有关部门在北京召开部门联合抽查动员培训会议。抽查期间，国家粮食局陆续派出了3个巡视组，由局领导带队，对部门联合抽查工作进行巡查督导。

5月15日，全国夏季粮油收购工作会议在河南省郑州市召开。会前，任正晓同志做出批示，对做好夏季粮油收购工作提出明确要求。会议研究分析了2013年小麦、油菜籽、早籼稻收购和市场形势，并对夏季粮油收购工作做出了安排部署。卢景波同志主持会议并讲话。

5月20日，国家发展改革委、国家粮食局等6部门印发《2013年小麦最低收购价执行预案》。预案规定了2013年小麦最低收购价水平，白小麦（国标三等）、红小麦和混合小麦最低收购价格均为每市斤1.12元。执行区域为河北、江苏、安徽、山东、河南、湖北6省。执行期限为2012年5月21日至9月30日。

5月25～26日，由国家粮食局、中国就业培训技术指导中心和中国财贸轻纺烟草工会共同主办，南京财经大学承办，中国粮食行业协会和江苏省粮食局协办的第三届全国粮食行业职业技能竞赛决赛在江苏省南京市举行。中国储备粮管理总公司代表队获得优秀团体一等奖，江苏省粮食局代表队、安徽省粮食局代表队获得优秀团体二等奖，山东省粮食局代表队、江西省粮食局代表队、广东省粮食局代表队获得优秀团体三等奖；中国储备粮管理总公司代表队的赵英韬等6名同志获得职工组个人一等奖，山东商务职业学院王毓川等4名同学获学生组个人一等奖。6名获得职工组个人一等奖的选手，将由人力资源和社会保障部授予“全国技术能手”荣誉称号。其中，各职业（组）第一名将申报“全国五一劳动奖章”或“全国粮食系统劳动模范（先进工作者）”。

5月31日，黑龙江中储粮林甸直属库发生火灾事故后，国家粮食局迅速采取行动，派出由副局长吴子丹带队、有技术专家参与的工作组，赶赴火灾现场，协调指导灭火减损工作，了解调查处理有关情况。

六月

6月14日，中共国家粮食局直属机关召开第三次党员代表大会，选举产生新一届直属机关党委和纪委。大会听取并审议了金刚同志代表第二届直属机关委员会所作的工作报告，做出了《关于中共国家粮食局直属机关党委工作报告的决议》和《关于中共国家粮食局直属机关纪委工作报告的决议》，选举产生了新一届中共国家粮食局直属机关委员会和机关纪律检查委员会。

6月20日，国家粮食局召开党组扩大会议，传达学习习近平总书记在党的群众路线教育实践活动工作会议上的重要讲话，研究部署局机关和局直系统集中3个月时间深入开展党的群众路线教育实践活动的具体工作。会议对国家粮食局开展党的群众路线教育实践活动作了具体部署。

6月中旬，针对中储粮黑龙江林甸直属库“5·31”火灾事故暴露的露天储粮消防隐患，按照中央领导同志的重要批示指示精神和国务院常务会议部署，国家粮食局开始在粮食行业启动“安全生产大检查‘百日行动’”。“百日行动”分为企业自查、市县普查、省级复查和总结经验“回头看”四个阶段。

七月

7月2日，国家发展改革委、国家粮食局等6部门印发《2013年早籼稻最低收购价执行预案》。预案规定了2013年早籼稻最低收购价水平，早籼稻（国标三等）最低收购价每市斤1.32元。执行区域为安徽、江西、湖北、湖南、广西5省（自治区）。执行期限为2013年7月16日至9月30日。

7月3日，为保护农民利益和种粮积极性，促进粮食生产发展，经国务院批准，决定2013年继续在东北等部分主产区实行玉米临时收储政策，并适当提高临时收储价格水平。2013年生产的玉米（国标三等）临时收储价格为：内蒙古、辽宁1.13元/斤，吉林1.12元/斤，黑龙江1.11元/斤，均比2012年提高0.06元/斤。

7月15日，共青团国家粮食局直属机关第二次代表大会在京召开。大会听取并审议了第一届直属机关团委所作的工作报告，做出了《关于共青团国家粮食局直属机关第一届委员会工作报告的决议》，选举产生了共青团国家粮食局直属机关第二届委员会。随后，新一届团委召开第一次全委会，推选书记、副书记。任正晓同志出席会议并讲话，赵中权同志出席会议并致辞。

7月22日，甘肃省定西市岷县漳县地震发生后，国家粮食局党组书记、局长任正晓立即召开会议紧急部署抗震救灾粮食供应工作，成立了粮食供应应急领导小组，要求迅速摸清灾区及周边地区粮源、中央储备粮和地方储备粮分布情况，特别是成品粮应急储备情况，加强组织调度，确保受灾群众口粮供应。

7月22～23日，为深入开展党的群众路线教育实践活动，扎实做好“学习教育、听取意见”环节的工作，国家粮食局在安徽省合肥市召开全国粮食局长专题座谈会，开门听取各地粮食部门对局党组和领导班子成员在反对“四风”、加强作风建设方面的意见并总结今年上半年的工作，安排布置下半年的工作。会前，国家粮食局党组书记、局长任正晓与安徽省委副书记、省长王学军举行了工作会谈，就进一步做好粮食流通工作、保护好农民群众利益交换了意见，并对共同推进安徽粮食流通产业发展达成了共识。

7月25日，由国家粮食局、山东省粮食局联合主办，青岛市粮食局承办的“粮油科技进军营”主题日活动在青岛某部队驻地举行。国家粮食局副局长卢景波出席主题日活动，走访慰问部队，召开军地座谈会，听取官兵对军粮供应工作的意见和建议，并分别与青岛市政府、青岛警备区有关负责同志就军粮供应与服务工作交换了意见。国家粮食局有关专家为部队官兵作“爱惜粮食反对食品浪费”的科普讲座。

八月

8月2日，国家粮食局发布2013年第2号公告，决定授予北京怀柔国家粮食储备库等116户企业中央储备粮代储资格，将北京市西北郊粮食收储库等25户企业的中央储备粮代储资格有效期延续至2018年7月，准予北京市东北郊粮食收储库等49户企业变更企业名称、仓号和法定代表人等中央储备粮代储资格事项。决定注销江西省南昌市第三粮食仓库和南京铁心桥国家粮食储备库主库区的中央储备粮代储资格。

8月6日，国家粮食局召开党组扩大会议，传达学习习近平总书记关于当前经济形势和经济工作的重要讲话及李克强总理在经济形势座谈会上的重要讲话，研究贯彻落实讲话精神，着力抓好下半年粮食流通的重点工作：扎实做好粮食收购工作，积极做好粮油保供稳价工作，加强粮食仓储设施建设，切实做好镉超标粮食处置监管工作，加快推进“粮安工程”规划和建设，继续抓好粮食行业安全生产大检查“百日行动”，扎实做好完善重大政策和机制体制的调查研究工作，深入开展党的群众路线教育实践活动。

8月28日，第五届中国粮食行业协会、第七届中国粮食经济学会会员代表大会暨理事会在北京召开。会议选举产生了中国粮食行业协会和中国粮食经济学会新一届理事会及其领导成员，全国政协委员、国家粮食局原局长聂振邦当选为两会会长，宁高宁、王守臣等21人当选为中国粮食行业协会副会长，郄建伟、宋廷明等11人当选为中国粮食经济学会副会长。会议推举国家粮食局局长任正晓和中国粮食行业协会、中国粮食经济学会原会长白美清为两会新一届理事会名誉会长；聘请农业部原常务副部长尹成杰等11人为中国粮食行业协会顾问，聘请国家粮食局副局长徐鸣等15人为中国粮食经济学会顾问。会议同期举行了第十六届中国粮食论坛暨2013粮食行业年会，本届论坛的主题是“守住管好天下粮仓，保障国家粮食安全”。

8月29日，中国职业教育与粮食行业发展对话活动在北京举行。活动的主题是促进产教融合、深化校企合作，加快培养紧缺型应用技术和技能人才，服务现代粮食流通产业发展。活动的主要任务是深入贯彻中共十八大精神，落实国家教育规划纲要和《全国粮食行业中长期人才发展规划纲要》要求，建立健全粮食行业产教对话协作机制，构建粮食职业教育人才成长立交桥，进一步推进粮食行业人才队伍建设。徐鸣同志出席活动并讲话。

8月29～30日，国家粮食局党组理论学习中心组进行了党的群众路线教育实践活动第二次集中学习。局党组理论学习中心组全体同志深入学习了习近平总书记在河北调研指导党的群众路线教育实践活动时的重要讲话精神，学习了中央领导小组《关于做好第一批教育实践活动查摆问题、开展批评环节工作的通知》，刘云山同志在中央领导小组第三次会议上的讲话精神，以及刘云山、赵乐际同志在督导工作座谈会上的讲话精神。各司室、直属联系单位主要负责同志结合畅谈学习体会，交流了前一段“学习教育、听取意见”环节的工作情况。

九月

9月5日，财政部、国家粮食局对各地“危仓老库”的维修改造方案进行“择优评审”，确定黑龙江等4个重点支持的粮食主产省，今年安排6亿元中央补助资金。为了明确责任、提高维修改造效果，两部局还与4个重点支持省人民政府签订了《“危仓老库”维修改造目标责任书》。

9月11日，财政部、国家粮食局联合印发了《2013年中央补助地方粮食仓库维修资金分配管理方案》，采取“以地方财政、企业投入为主，中央财政择优补助”的方式，引导地方和企业资金更多地投向粮库改造。中央财政补助的重点是粮食主产省，力争用3～5年时间全面消除“危仓老库”。

9月18日，国家发展改革委、国家粮食局等6部门联合下发《关于印发2013年中晚稻最低收购价执行预案的通知》。预案规定了2013年中晚稻最低收购价水平，中晚籼稻最低收购价每市斤1.35元，粳稻最低收购价每市斤1.50元。执行区域：辽宁、吉林、黑龙江、江苏、安徽、江西、河南、湖北、湖南、广西、四川 11 省（区）。执行期限：江苏、安徽、江西、河南、湖北、湖南、广西、四川8省（区）为2013年9月18日至2014年1月31日，辽宁、吉林、黑龙江3省为2013年11月16日至2014年3月31日。

9月25～26日，全国秋粮收购工作会议在黑龙江省哈尔滨市召开。会前，任正晓同志对做好秋粮收购工作提出明确要求。会议认真研究分析了2013年秋粮产需、收购形势和价格走势，对秋粮收购工作做出安排和部署。卢景波同志主持会议并讲话。

9月25～26日，全国粮食系统基层反腐倡廉工作座谈会在江苏省南京市召开。会议主题是：进一步深入贯彻落实十八届中央纪委二次全会和国务院廉政工作会议精神，按照全国粮食系统纪检监察工作会议的部署，总结交流全国粮食系统基层党风廉政建设工作经验，进一步研究部署加强粮食系统基层党风廉政建设工作。中央纪委监察部预防腐败室副主任古越仁出席会议并讲话。

9月27日，根据中央党的群众路线教育实践活动领导小组办公室要求，国家粮食局召开党组会议，集体观看9月25日中央电视台《新闻联播》和《焦点访谈》关于河北省委常委班子专题民主生活会情况的报道，认真学习习近平总书记在指导河北省委常委班子专题民主生活会时的重要讲话精神，进一步研究讨论局领导班子的对照检查材料和召开局党组专题民主生活会的有关工作。

十月

10月12日，国家继续在小麦主产区实行最低收购价政策，并适当提高2014年最低收购价水平。国家有关部门公布，2014年生产的小麦（三等）最低收购价提高到每50公斤118元，比2013年提高6元。

10 月 16 日，2013 年“世界粮食日”和“全国爱粮节粮宣传周”活动在北京大学百周年纪念讲堂举行。此项活动由农业部、国家粮食局、联合国粮食及农业组织联合主办。今年“世界粮食日”的主题为“发展可持续粮食系统，保障粮食安全和营养”，“全国爱粮节粮宣传周”的宣传主题为“爱粮节粮，传承美德”。农业部副部长牛盾、国家粮食局局长任正晓、联合国粮农组织驻华总代表伯西·米西卡、全国妇联书记处书记崔郁、全国爱粮节粮形象大使张国立分别致辞，国家粮食局副局长曾丽瑛主持，总后勤部、教育部、中国科协、北京大学的有关领导和部分社区居民、解放军战士、学生、公益组织以及部分粮食企业、协会和驻华机构的代表，共计1000余人参加了活动。

10月17日，国家粮食局党组书记、局长任正晓，副局长曾丽瑛、吴子丹，驻局纪检组长赵中权，副局长卢景波与中储粮总公司党组书记、董事长赵双连，总经理吕军举行工作座谈，就进一步加强中央储备粮管理工作交换了意见。双方一致表示，要按照党中央、国务院赋予的工作职能认真履行职责，维护国家粮食安全，确保中央储备粮数量真实、质量良好、储存安全，确保国家需要时调得动、用得上，切实履行好政治责任和社会责任，维护农民利益，维护粮食市场稳定，维护国家粮食安全。当前，要千方百计克服困难，扎实做好中晚稻和秋粮收购工作，防止发生农民“卖粮难”，帮助农民实现增产增收。

10月22日，国家粮食局召开全局司级干部会议，深入学习贯彻习近平总书记在参加河北省委常委班子专题民主生活会时的重要讲话和中央党的群众路线教育实践活动领导小组《关于认真学习贯彻习近平总书记重要讲话精神切实开好专题民主生活会的通知》、《关于印发〈中央政治局常委同志联系点省区党委领导班子专题民主生活会情况报告〉的通知》精神，对开好司级领导班子专题民主生活会进行再学习、再动员、再部署。任正晓同志出席会议并讲话，赵中权同志主持会议。

10月28日，中国粮油学会第七次全国会员代表大会暨第七届学术年会在北京召开。会议选举产生了中国粮油学会第七届理事会及其领导成员，选举张桂凤同志为理事长、杜政等16位同志为副理事长、胡承淼同志为秘书长（兼）。会议推举任正晓、朱长国同志为名誉理事长，徐鸣等23位同志为顾问。本届学术年会围绕“创新驱动与粮食安全”主题，邀请有关专家作学术报告，并设食品、油脂、储藏、发酵面食、信息与自动化、玉米深加工和米制品6个分会场，进行了学术研究和交流讨论。会议期间还向由中国粮油学会推荐荣获中国科协“第五届全国优秀科技工作者奖”和“2012年度中国粮油学会科学技术进步奖”的获奖者颁奖。

10月28～31日，中国妇女第十一次全国代表大会在北京召开。国家粮食局党组成员、副局长曾丽瑛同志作为中央国家机关代表团成员及中华全国妇女联合会第十一届执行委员会委员候选人参加了大会，并当选为中华全国妇女联合会第十一届执行委员会委员。

十一月

11月4日，李克强总理到黑龙江省抚远县浓桥粮库视察，爬粮堆，进粮仓，深入了解粮食收储情况，亲切慰问粮库职工和售粮农民，嘱咐粮库职工“人是铁，饭是钢，大米是‘金’，你们是在‘金山’上工作，责任重大，一定要把国家的粮食保管好”。

11月5日，国家粮食局迅速向机关干部通报传达了李克强总理视察浓桥粮库的情况和所作的重要指示精神，大家深受鼓舞，倍感振奋，决心以实际行动贯彻落实好总理的指示精神，在秋粮收购工作中认真落实国家粮食收购政策，全面做好为农服务工作，切实做到收好粮、储好粮、管好粮，为保障国家粮食安全做出更大贡献。

11月8日，国家粮食局召开党组专题民主生活会情况通报会，局党组书记、局长、局党的群众路线教育实践活动领导小组组长任正晓通报党组专题民主生活会情况，中央第26督导组副组长杨利民出席会议并讲话，局党组成员，局机关全体党员、干部，各直属联系单位领导班子成员和离退休干部党支部书记参加会议。任正晓认真通报了局党组专题民主生活会的会前准备、开展批评与自我批评、制定整改措施等方面的情况。

11月13日，国家粮食局召开党组扩大会议，传达学习中共十八届三中全会精神，对传达学习贯彻全会精神做出全面部署。列席三中全会的任正晓同志介绍了全会概况，并与党组成员和有关同志一起认真学习了习近平总书记受中央政治局委托所作的工作报告、就《中共中央关于全面深化改革若干重大问题的决定（讨论稿）》向全会作的说明和在第二次全体会议上的重要讲话精神。会议提出，全局要把学习宣传贯彻中共十八届三中全会精神作为重大政治任务，作为当前和今后一个时期全局工作的重中之重，及时、准确、全面地传达学习全会精神，迅速兴起学习贯彻全会精神的热潮。要尽快制定传达学习贯彻全会精神的方案，研提细化措施并抓好落实。党组中心组要及早组织集中专题学习，党组各成员要根据全会精神、结合分管工作提出切实有效的贯彻落实意见，谋划好明年粮食流通工作。各单位要按照职能分工，抓紧研究提出深化粮食流通体制改革的建议和具体措施。

11月15日，国家发展改革委、国家粮食局等4部门印发《关于做好2013年秋粮收购工作的通知》。通知主要内容：落实好玉米、大豆临时收储政策，实行采购东北粳稻、玉米费用补贴政策，充分利用社会仓储资源，强化粮食购销组织引导，完善收储贷款机制，加强监督检查。

11月18日，国家粮食局局长任正晓会见了来访的以色列驻华大使马腾先生一行。宾主双方交流了中以两国在粮农领域的合作情况，并就进一步加强在粮食流通科技领域的交流与合作交换了意见。

11月22日，全国粮食公益性行业科研专项工作会议在北京召开。会议认真贯彻落实中共十八届三中全会精神和中央领导同志最近关于科技工作的重要批示精神，对粮食行业全面实施公益性科技专项工作做出安排部署。任正晓同志出席会议并作讲话，吴子丹同志对项目优化整合和完善专项管理提出了明确的要求。

11月25～27日，局党组理论学习中心组举办十八届三中全会精神专题学习班。学习班对今冬明春粮食部门贯彻落实十八届三中全会精神做出了具体安排部署，提出把学习贯彻十八届三中全会精神与全面深化粮食改革紧密结合起来，把学习贯彻十八届三中全会精神与深入开展党的群众路线教育实践活动结合起来，把学习贯彻十八届三中全会精神与圆满完成今年任务、谋划好明年工作紧密结合起来，把学习贯彻十八届三中全会精神与切实加强机关党的建设、党风廉政建设、干部队伍建设紧密结合起来。

11月26～27日，全国军粮供应集约化保障座谈会在河北省石家庄市召开，学习贯彻十八届三中全会精神，参观学习河北省推动军粮供应军民融合式发展和集约化保障的做法和经验，交流研讨进一步做好军粮供应军民融合深度发展和加强集约化保障工作的方法措施。卢景波同志出席会议并讲话。

11月27日，为调动粮食企业入市收购的积极性，有效缓解农民“卖粮难”，财政部会同国家发展改革委、国家粮食局、中国农业发展银行印发通知，对采购东北地区2013年产粳稻、玉米实施费用补贴政策。通知明确，东北三省之外的其他28个省份到黑龙江、吉林和辽宁采购粳稻，以及南方饲料消费省份到黑龙江、吉林、辽宁、内蒙古采购玉米，运回本省销售、加工或转为储备的，财政给予一次性费用补贴。补贴标准为每市斤7分钱。补贴对象包括相关省（区、市）自主确定的本省骨干粮食企业，以及中粮、中纺和中储粮等中央企业集团。

十二月

12月16日，国家粮食局发布2013年第3号公告，决定授予天津市宁河县粮食购销有限公司等130户企业中央储备粮代储资格，将北京市西南郊粮食收储库等115户企业的中央储备粮代储资格有效期延续至2018年12月，准予北京市顺义平各庄粮食收储库等101户企业变更企业名称、仓号和法定代表人等中央储备粮代储资格事项。

12月17日，国家粮食局召开党组扩大会议，认真传达学习习近平总书记和李克强总理在中央经济工作会议和中央城镇化工作会议上的重要讲话精神，传达全国发展和改革工作会议精神，研究部署贯彻会议精神的具体工作措施。会议要求，认真学习领会中央经济工作会议和中央城镇化工作会议精神，特别是要领会和把握好把保障国家粮食安全作为明年经济工作首要任务的重大意义，强化“首要意识”和“守责意识”，切实肩负起保障国家粮食安全的部门职责与行业使命；认真贯彻落实中共十八届三中全会精神，全面深化粮食流通领域各项改革，以改革、创新来激活保障国家粮食安全的体制合力和行业活力；立足经济社会发展全局做好抓收购、保供应、稳粮价的工作；全面实施“粮食收储供应安全保障工程”；大力实施创新驱动战略，稳步推进科技兴粮和人才兴粮战略各项措施的落实；巩固党的群众路线教育实践活动成果，扎实抓好整改落实、建章立制的后续工作。

12月20日，国家发展和改革委主任徐绍史到国家粮食局调研，看望慰问干部职工，参观全国粮食行业反腐倡廉图片展，并与国家粮食局领导班子和机关司局主要负责同志座谈交流。国家发展和改革委副主任张晓强及委机关有关司局负责同志随同调研并座谈。

12月25日，国家粮食局召开党组扩大会议，传达学习中央农村工作会议精神，结合粮食流通工作实际，研究部署贯彻落实会议精神，抓好当前和明年粮食流通工作。会议要求，深刻领会和全面落实中央关于保障国家粮食安全的战略方针，切实肩负起确保“谷物基本自给、口粮绝对安全”的部门职责；深刻领会和全面落实中央关于全面深化农村改革的战略部署，积极稳妥地推进粮食流通领域的各项改革；深刻领会和全面落实中央关于加快农业现代化的战略部署，全面推进实施“粮食收储供应安全保障工程”；深刻领会和全面落实中央关于搞好粮食储备调节、管好用好储备粮的战略要求，强化储备粮监管职责；深刻领会和全面落实中央关于高度重视节约粮食的战略决策，切实担负起推进节粮减损的行业使命；深刻领会和全面落实中央关于善于用好“两个市场、两种资源”的战略布局，抓紧建立动态开放的粮食安全保障体系。

二 粮食行业统计资料

1.全国主要农作物播种面积（1978～2013年）

单位：千公顷

年份	粮食					油料
		稻谷	小麦	玉米	大豆	
1978	120587	34421	29183	19961	7144	6222
1979	119263	33873	29357	20133	7247	7051
1980	117234	33878	28844	20087	7226	7928
1981	114958	33295	28307	19425	8024	9134
1982	113462	33071	27955	18543	8419	9343
1983	114047	33136	29050	18824	7567	8390
1984	112884	33178	29576	18537	7286	8678
1985	108845	32070	29218	17694	7718	11800
1986	110933	32266	29616	19124	8295	11415
1987	111268	32193	28798	20212	8445	11181
1988	110123	31987	28785	19692	8120	10619
1989	112205	32700	29841	20353	8057	10504
1990	113466	33064	30753	21401	7560	10900
1991	112314	32590	30948	21574	7041	11530
1992	110560	32090	30496	21044	7221	11489
1993	110509	30355	30235	20694	9454	11142
1994	109544	30171	28981	21152	9222	12081
1995	110060	30744	28860	22776	8127	13102
1996	112548	31406	29611	24498	7471	12555
1997	112912	31765	30057	23775	8346	12381
1998	113787	31214	29774	25239	8500	12919
1999	113161	31283	28855	25904	7962	13906
2000	108463	29962	26653	23056	9307	15400
2001	106080	28812	24664	24282	9482	14631
2002	103891	28202	23908	24634	8720	14766
2003	99410	26508	21997	24068	9313	14990
2004	101606	28379	21626	25446	9589	14431
2005	104278	28847	22793	26358	9591	14318
2006	104958	28938	23613	28463	9304	11738
2007	105638	28919	23721	29478	8754	11316
2008	106793	29241	23617	29864	9127	12825
2009	108986	29627	24291	31183	9190	13652
2010	109876	29873	24257	32500	8516	13890
2011	110573	30057	24270	33542	7889	13855
2012	111205	30137	24268	35029	7172	13930
2013	111956	30312	24117	36318	6791	14023

数据来源：国家统计局统计资料。

2.全国主要农作物产量（1978～2013年）

单位：万吨

年份	粮食	稻谷	小麦	玉米	大豆	油料
1978	30476.5	13693.0	5384.0	5594.5	756.5	521.8
1979	33211.5	14375.0	6273.0	6003.5	746.0	643.5
1980	32055.5	13990.5	5520.5	6260.0	794.0	769.1
1981	32502.0	14395.5	5964.0	5920.5	932.5	1020.5
1982	35450.0	16159.5	6847.0	6056.0	903.0	1181.7
1983	38727.5	16886.5	8139.0	6820.5	976.0	1055.0
1984	40730.5	17825.5	8781.5	7341.0	969.5	1191.0
1985	37910.8	16856.9	8580.5	6382.6	1050.0	1578.4
1986	39151.2	17222.4	9004.0	7085.6	1161.4	1473.8
1987	40297.7	17426.2	8590.2	7924.1	1246.5	1527.8
1988	39408.1	16910.7	8543.2	7735.1	1164.5	1320.3
1989	40754.9	18013.0	9080.7	7892.8	1022.7	1295.2
1990	44624.3	18933.1	9822.9	9681.9	1100.0	1613.2
1991	43529.3	18381.3	9595.3	9877.3	971.3	1638.3
1992	44265.8	18622.2	10158.7	9538.3	1030.4	1641.2
1993	45648.8	17751.4	10639.0	10270.4	1530.7	1803.9
1994	44510.1	17593.3	9929.7	9927.5	1599.9	1989.6
1995	46661.8	18522.6	10220.7	11198.6	1350.2	2250.3
1996	50453.5	19510.3	11056.9	12747.1	1322.4	2210.6
1997	49417.1	20073.5	12328.9	10430.9	1473.2	2157.4
1998	51229.5	19871.3	10972.6	13295.4	1515.2	2313.9
1999	50838.6	19848.7	11388.0	12808.6	1424.5	2601.2
2000	46217.5	18790.8	9963.6	10600.0	1540.9	2954.8
2001	45263.7	17758.0	9387.3	11408.8	1540.6	2864.9
2002	45705.8	17453.9	9029.0	12130.8	1650.5	2897.2
2003	43069.5	16065.6	8648.8	11583.0	1539.3	2811.0
2004	46946.9	17908.8	9195.2	13028.7	1740.1	3065.9
2005	48402.2	18058.8	9744.5	13936.5	1634.8	3077.1
2006	49804.2	18171.8	10846.6	15160.3	1508.2	2640.3
2007	50160.3	18603.4	10929.8	15230.0	1272.5	2568.7
2008	52870.9	19189.6	11246.4	16591.4	1554.2	2952.8
2009	53082.1	19510.3	11511.5	16397.4	1498.2	3154.3
2010	54647.7	19576.1	11518.1	17724.5	1508.3	3230.1
2011	57120.8	20100.1	11740.1	19278.1	1448.5	3306.8
2012	58958.0	20423.6	12102.3	20561.4	1305.0	3436.8
2013	60193.8	20361.2	12192.6	21848.9	1195.1	3517.0

数据来源：国家统计局统计资料。

3.全国主要农作物单位面积产量（1978～2013年）

单位：公斤/公顷

年 份	粮食					油料
		稻谷	小麦	玉米	大豆	
1978	2527.3	3978.1	1844.9	2802.7	1059.0	838.6
1979	2784.7	4243.8	2136.8	2981.9	1029.4	912.7
1980	2734.3	4129.6	1913.9	3116.4	1098.8	970.0
1981	2827.3	4323.7	2106.9	3047.9	1162.2	1117.2
1982	3124.4	4886.3	2449.3	3265.9	1072.6	1264.8
1983	3395.7	5096.1	2801.7	3623.3	1289.8	1257.4
1984	3608.2	5372.6	2969.1	3960.3	1330.6	1372.5
1985	3483.0	5256.3	2936.7	3607.2	1360.5	1337.7
1986	3529.3	5337.6	3040.2	3705.1	1400.2	1291.1
1987	3621.7	5413.1	2982.9	3920.6	1476.0	1366.5
1988	3578.6	5286.7	2968.0	3928.1	1434.1	1243.3
1989	3632.2	5508.5	3043.0	3877.9	1269.3	1233.1
1990	3932.8	5726.1	3194.1	4523.9	1455.1	1479.9
1991	3875.7	5640.2	3100.5	4578.3	1379.5	1421.0
1992	4003.8	5803.1	3331.2	4532.7	1427.0	1428.4
1993	4130.8	5847.9	3518.8	4963.0	1619.1	1619.0
1994	4063.2	5831.1	3426.3	4693.4	1734.9	1646.9
1995	4239.7	6024.8	3541.5	4916.9	1661.4	1717.6
1996	4482.8	6212.4	3734.1	5203.3	1770.2	1760.7
1997	4376.6	6319.4	4101.9	4387.3	1765.1	1742.5
1998	4502.2	6366.2	3685.3	5267.8	1782.5	1791.0
1999	4492.6	6344.8	3946.6	4944.7	1789.2	1870.5
2000	4261.2	6271.6	3738.2	4597.5	1655.7	1918.7
2001	4266.9	6163.3	3806.1	4698.4	1624.8	1958.1
2002	4399.4	6189.0	3776.5	4924.5	1892.9	1962.0
2003	4332.5	6060.7	3931.8	4812.6	1652.9	1875.2
2004	4620.5	6310.6	4251.9	5120.2	1814.8	2124.6
2005	4641.6	6260.2	4275.3	5287.3	1704.5	2149.2
2006	4745.2	6279.6	4593.4	5326.3	1620.9	2249.3
2007	4748.3	6433.0	4607.7	5166.7	1453.7	2270.0
2008	4950.8	6562.5	4762.0	5555.7	1702.8	2302.3
2009	4870.6	6585.3	4739.0	5258.5	1630.2	2310.5
2010	4973.6	6553.0	4748.4	5453.7	1771.2	2325.6
2011	5165.9	6687.3	4837.2	5747.5	1836.3	2386.7
2012	5301.8	6776.9	4986.9	5869.7	1819.6	2467.2
2013	5376.6	6717.3	5055.6	6015.9	1759.9	2508.1

数据来源：国家统计局统计资料。

4.各地区粮食播种面积（2012～2013年）

单位：千公顷

地 区	2012年	2013年	2013年比2012年增加	
			绝对数	%
全国总计	**111204.6**	**111955.6**	**751.0**	**0.7**
东部地区	24977.1	25016.6	39.5	0.2
中部地区	32662.7	32867.2	204.6	0.6
西部地区	34217.6	34491.0	273.4	0.8
东北地区	19347.2	19580.7	233.5	1.2
北 京	193.9	158.9	-35.0	-18.0
天 津	322.9	332.8	9.9	3.1
河 北	6302.4	6315.9	13.5	0.2
山 西	3291.5	3274.3	-17.2	-0.5
内蒙古	5589.4	5617.3	27.9	0.5
辽 宁	3217.3	3226.4	9.1	0.3
吉 林	4610.3	4789.9	179.6	3.9
黑龙江	11519.5	11564.4	44.8	0.4
上 海	187.6	168.5	-19.1	-10.2
江 苏	5336.6	5360.8	24.2	0.5
浙 江	1251.6	1253.7	2.2	0.2
安 徽	6622.0	6625.3	3.3	0.0
福 建	1201.1	1202.1	0.9	0.1
江 西	3675.9	3690.9	14.9	0.4
山 东	7202.3	7294.6	92.3	1.3
河 南	9985.2	10081.8	96.7	1.0
湖 北	4180.1	4258.4	78.3	1.9
湖 南	4908.0	4936.6	28.5	0.6
广 东	2540.2	2507.6	-32.6	-1.3
广 西	3069.1	3076.0	6.9	0.2
海 南	438.6	421.8	-16.8	-3.8
重 庆	2259.6	2253.9	-5.7	-0.3
四 川	6468.2	6469.9	1.7	0.0
贵 州	3054.3	3118.4	64.1	2.1
云 南	4399.6	4499.4	99.8	2.3
西 藏	170.9	175.9	5.0	2.9
陕 西	3127.5	3105.1	-22.4	-0.7
甘 肃	2839.4	2858.7	19.3	0.7
青 海	280.2	280.0	-0.2	-0.1
宁 夏	828.3	801.6	-26.7	-3.2
新 疆	2131.2	2234.8	103.6	4.9

数据来源：国家统计局统计资料。

5.各地区粮食总产量（2012～2013年）

单位：万吨

地　区	2012年	2013年	2013年比2012年增加	
			绝对数	%
全国总计	**58958.0**	**60193.8**	**1235.9**	**2.1**
东部地区	14553.3	14606.3	52.9	0.4
中部地区	17734.9	17849.2	114.3	0.6
西部地区	15494.7	15987.6	492.9	3.2
东北地区	11175.0	11750.7	575.7	5.2
北　京	113.8	96.1	-17.6	-15.5
天　津	161.8	174.7	13.0	8.0
河　北	3246.6	3365.0	118.4	3.6
山　西	1274.1	1312.8	38.7	3.0
内蒙古	2528.5	2773.0	244.5	9.7
辽　宁	2070.5	2195.6	125.1	6.0
吉　林	3343.0	3551.0	208.0	6.2
黑龙江	5761.5	6004.1	242.6	4.2
上　海	122.4	114.2	-8.2	-6.7
江　苏	3372.5	3423.0	50.5	1.5
浙　江	769.8	734.0	-35.8	-4.7
安　徽	3289.1	3279.6	-9.5	-0.3
福　建	659.3	664.4	5.1	0.8
江　西	2084.8	2116.1	31.3	1.5
山　东	4511.4	4528.2	16.8	0.4
河　南	5638.6	5713.7	75.1	1.3
湖　北	2441.8	2501.3	59.5	2.4
湖　南	3006.5	2925.7	-80.8	-2.7
广　东	1396.3	1315.9	-80.4	-5.8
广　西	1484.9	1521.8	36.9	2.5
海　南	199.5	190.9	-8.6	-4.3
重　庆	1138.5	1148.1	9.6	0.8
四　川	3315.0	3387.1	72.1	2.2
贵　州	1079.5	1030.0	-49.5	-4.6
云　南	1749.1	1824.0	74.9	4.3
西　藏	94.9	96.2	1.3	1.3
陕　西	1245.1	1215.8	-29.3	-2.4
甘　肃	1109.7	1138.9	29.2	2.6
青　海	101.5	102.4	0.9	0.9
宁　夏	375.0	373.4	-1.6	-0.4
新　疆	1273.0	1377.0	104.0	8.2

数据来源：国家统计局统计资料。

6.各地区粮食单位面积产量（2012～2013年）

单位：公斤/公顷

地　区	2012年	2013年	2013年比2012年增加	
			绝对数	%
全国总计	**5301.8**	**5376.6**	**74.8**	**1.4**
东部地区	5826.7	5838.6	12.0	0.2
中部地区	5429.7	5430.7	1.0	0.0
西部地区	4528.3	4635.3	107.0	2.4
东北地区	5776.0	6001.2	225.1	3.9
北　京	5868.4	6049.0	180.6	3.1
天　津	5009.3	5249.9	240.6	4.8
河　北	5151.4	5327.8	176.4	3.4
山　西	3870.9	4009.4	138.5	3.6
内蒙古	4523.7	4936.5	412.8	9.1
辽　宁	6435.4	6805.1	369.7	5.7
吉　林	7251.2	7413.6	162.4	2.2
黑龙江	5001.5	5191.9	190.4	3.8
上　海	6523.6	6774.1	250.4	3.8
江　苏	6319.6	6385.3	65.7	1.0
浙　江	6150.8	5854.1	−296.7	−4.8
安　徽	4966.9	4950.1	−16.8	−0.3
福　建	5489.0	5526.9	37.9	0.7
江　西	5671.5	5733.4	61.9	1.1
山　东	6263.8	6207.6	−56.2	−0.9
河　南	5647.0	5667.3	20.3	0.4
湖　北	5841.6	5873.8	32.2	0.6
湖　南	6125.7	5926.7	−199.0	−3.2
广　东	5497.0	5247.6	−249.4	−4.5
广　西	4838.2	4947.3	109.1	2.3
海　南	4548.4	4525.8	−22.6	−0.5
重　庆	5038.7	5094.0	55.3	1.1
四　川	5125.1	5235.2	110.1	2.1
贵　州	3534.4	3302.9	−231.5	−6.5
云　南	3975.6	4053.9	78.3	2.0
西　藏	5553.7	5467.1	−86.6	−1.6
陕　西	3981.1	3915.5	−65.6	−1.6
甘　肃	3908.2	3984.0	75.8	1.9
青　海	3622.7	3656.5	33.8	0.9
宁　夏	4527.3	4658.2	130.9	2.9
新　疆	5973.2	6161.6	188.4	3.2

数据来源：国家统计局统计资料。

7.2013年各地区粮食及油料播种面积和产量（一）

单位：千公顷；万吨；公斤/公顷

地区	粮食			稻谷		
	播种面积	总产量	每公顷产量	播种面积	总产量	每公顷产量
全国总计	111955.6	60193.8	5376.6	30311.7	20361.2	6717.3
东部地区	25016.6	14606.3	5838.6	6461.4	4461.6	6905.0
中部地区	32867.2	17849.2	5430.7	12380.5	8090.9	6535.2
西部地区	34491.0	15987.6	4635.3	6918.3	4518.0	6530.4
东北地区	19580.7	11750.7	6001.2	4551.5	3290.7	7230.0
北京	158.9	96.1	6049.0	0.2	0.1	6912.0
天津	332.8	174.7	5249.9	16.8	12.9	7685.9
河北	6315.9	3365.0	5327.8	86.8	58.8	6768.0
山西	3274.3	1312.8	4009.4	1.0	0.7	6836.7
内蒙古	5617.3	2773.0	4936.5	75.9	56.0	7380.7
辽宁	3226.4	2195.6	6805.1	649.2	506.9	7807.9
吉林	4789.9	3551.0	7413.6	726.7	563.3	7751.4
黑龙江	11564.4	6004.1	5191.9	3175.6	2220.6	6992.6
上海	168.5	114.2	6774.1	101.9	86.8	8521.1
江苏	5360.8	3423.0	6385.3	2265.7	1922.3	8484.3
浙江	1253.7	734.0	5854.1	828.7	580.2	7001.2
安徽	6625.3	3279.6	4950.1	2214.1	1362.3	6152.8
福建	1202.1	664.4	5526.9	817.5	502.0	6140.8
江西	3690.9	2116.1	5733.4	3338.0	2004.0	6003.7
山东	7294.6	4528.2	6207.6	123.1	103.6	8416.3
河南	10081.8	5713.7	5667.3	641.3	485.8	7574.9
湖北	4258.4	2501.3	5873.8	2101.2	1676.6	7979.6
湖南	4936.6	2925.7	5926.7	4085.0	2561.5	6270.5
广东	2507.6	1315.9	5247.6	1908.8	1045.0	5474.7
广西	3076.0	1521.8	4947.3	2046.6	1156.2	5649.3
海南	421.8	190.9	4525.8	311.9	149.8	4804.5
重庆	2253.9	1148.1	5094.0	688.7	503.08	7305.2
四川	6469.9	3387.1	5235.2	1990.7	1549.5	7783.7
贵州	3118.4	1030.0	3302.9	684.5	361.3	5278.7
云南	4499.4	1824.0	4053.9	1152.7	667.9	5794.2
西藏	175.9	96.2	5467.1	1.0	0.6	5789.5
陕西	3105.1	1215.8	3915.5	123.7	91.0	7351.3
甘肃	2858.7	1138.9	3984.0	5.3	3.8	7243.3
青海	280.0	102.4	3656.5	0.0	0.0	0.0
宁夏	801.6	373.4	4658.2	82.1	68.9	8386.9
新疆	2234.8	1377.0	6161.6	67.3	59.8	8889.9

数据来源：国家统计局统计资料。

7.2013年各地区粮食及油料播种面积和产量（二）

单位：千公顷；万吨；公斤/公顷

地　区	小　麦			玉　米		
	播种面积	总 产 量	每公顷产量	播种面积	总 产 量	每公顷产量
全国总计	24117.3	12192.6	5055.6	36318.4	21848.9	6015.9
东部地区	8467.7	4829.8	5703.8	7221.3	4207.1	5825.9
中部地区	9615.8	5219.4	5427.9	6665.7	3645.7	5469.3
西部地区	5895.2	2101.8	3565.3	11239.2	6440.8	5730.6
东北地区	138.6	41.6	3001.4	11192.2	7555.3	6750.6
北　京	36.2	18.7	5171.9	114.5	75.2	6567.0
天　津	110.4	57.3	5189.3	191.7	102.1	5329.0
河　北	2377.7	1387.2	5834.2	3108.8	1703.9	5481.0
山　西	677.5	230.7	3405.6	1670.0	955.5	5721.2
内蒙古	571.2	180.4	3158.2	3170.6	2069.7	6527.8
辽　宁	5.6	2.7	4857.1	2245.6	1563.2	6961.2
吉　林	0.0	0.0	0.0	3499.1	2775.7	7932.7
黑龙江	133.0	38.9	2923.3	5447.5	3216.4	5904.4
上　海	44.4	17.6	3975.7	3.6	2.5	6997.2
江　苏	2146.9	1101.3	5129.7	426.4	216.4	5076.1
浙　江	75.5	27.8	3685.1	63.4	26.8	4220.8
安　徽	2432.9	1332.0	5475.1	845.1	426.0	5040.8
福　建	2.3	0.7	2940.0	47.9	19.3	4017.1
江　西	11.8	2.5	2113.8	29.5	12.0	4053.5
山　东	3673.3	2218.8	6040.4	3060.7	1967.1	6427.1
河　南	5366.7	3226.4	6012.0	3203.3	1796.5	5608.2
湖　北	1094.8	416.8	3807.1	573.5	270.8	4721.3
湖　南	32.3	11.0	3396.3	344.2	185.0	5374.5
广　东	0.9	0.3	3440.9	176.7	81.6	4620.4
广　西	1.8	0.3	1452.5	587.6	266.0	4526.0
海　南	0.0	0.0	0.0	27.7	12.1	4362.0
重　庆	107.6	33.7	3132.0	466.7	258.1	5529.5
四　川	1216.0	421.3	3464.6	1378.0	762.4	5532.7
贵　州	251.8	51.5	2045.8	778.4	298.0	3829.0
云　南	437.3	80.5	1841.7	1505.1	734.2	4878.1
西　藏	37.8	24.1	6366.0	4.3	2.5	5763.9
陕　西	1094.8	389.8	3560.5	1166.2	586.7	5031.0
甘　肃	811.7	235.9	2906.3	976.1	571.5	5854.8
青　海	95.4	36.0	3768.6	23.3	16.4	7054.5
宁　夏	148.8	46.3	3112.3	262.0	206.2	7871.2
新　疆	1121.0	602.1	5371.0	920.8	669.0	7265.6

数据来源：国家统计局统计资料。

7.2013年各地区粮食及油料播种面积和产量（三）

单位：千公顷；万吨；公斤/公顷

地区	大豆			油料		
	播种面积	总产量	每公顷产量	播种面积	总产量	每公顷产量
全国总计	**6790.5**	**1195.1**	**1759.9**	**14022.6**	**3517.0**	**2508.1**
东部地区	713.6	165.5	2318.6	2494.9	832.7	3337.6
中部地区	1777.5	263.0	1479.6	6174.8	1510.9	2446.9
西部地区	1540.2	306.1	1987.4	4624.0	956.7	2069.1
东北地区	2759.3	460.5	1669.0	729.0	216.7	2972.3
北京	4.1	0.8	1960.1	3.4	1.0	2854.4
天津	7.3	0.9	1231.2	1.8	0.6	3213.4
河北	124.5	24.4	1962.1	470.4	151.1	3212.6
山西	199.5	20.8	1040.7	140.3	19.5	1387.2
内蒙古	564.4	119.7	2121.0	812.2	158.1	1947.0
辽宁	114.9	28.4	2471.0	354.7	113.6	3203.6
吉林	214.5	45.4	2115.9	276.6	84.0	3037.9
黑龙江	2429.8	386.7	1591.6	97.7	19.0	1947.1
上海	2.9	0.8	2655.2	6.8	1.5	2188.2
江苏	209.4	47.0	2245.9	518.3	150.4	2901.4
浙江	88.3	22.6	2564.9	183.4	37.8	2059.7
安徽	856.7	107.0	1249.0	802.0	225.4	2810.8
福建	65.6	16.5	2515.1	115.2	28.8	2502.3
江西	99.5	22.4	2253.9	743.1	119.3	1605.2
山东	145.9	35.8	2454.2	794.9	349.6	4397.9
河南	443.9	72.9	1643.3	1589.9	589.1	3705.1
湖北	86.7	19.6	2258.7	1516.9	333.2	2196.4
湖南	91.3	20.3	2223.4	1382.5	224.4	1623.4
广东	62.5	15.9	2545.2	360.2	101.0	2804.6
广西	97.0	13.5	1393.4	222.0	57.2	2576.9
海南	3.2	0.7	2169.7	40.4	10.9	2702.1
重庆	101.5	19.6	1930.3	283.5	53.1	1874.3
四川	221.5	51.8	2338.6	1265.5	290.4	2295.1
贵州	128.2	8.0	627.3	560.8	91.5	1632.3
云南	124.8	31.8	2547.3	357.6	60.7	1696.7
西藏	0.1	0.0	3333.3	24.5	6.4	2598.7
陕西	153.1	25.0	1629.3	298.8	59.5	1991.8
甘肃	90.6	18.7	2059.6	336.9	69.7	2069.8
青海	0.0	0.0	0.0	158.4	32.6	2056.4
宁夏	0.0	0.0	0.0	82.1	16.8	2046.9
新疆	59.2	18.0	3048.2	221.7	60.6	2734.2

数据来源：国家统计局统计资料。

8.人均主要农业产品产量（1978～2013年）

单位：公斤

年 份	粮食	棉花	油料	糖料	水果	水产品
1978	318.7	2.3	5.5	24.9	6.9	4.9
1980	326.7	2.8	7.8	29.7	6.9	4.6
1985	360.7	3.9	15.0	57.5	11.1	6.7
1990	393.1	4.0	14.2	63.6	16.5	10.9
1995	387.3	4.0	18.7	65.9	35.0	20.9
1996	414.4	3.5	18.2	68.7	38.2	27.0
1997	401.7	3.7	17.5	76.3	41.4	25.4
1998	412.5	3.6	18.6	78.8	43.9	27.2
1999	405.8	3.1	20.8	66.5	49.8	28.5
2000	366.0	3.5	23.4	60.5	49.3	29.4
2001	355.9	4.2	22.5	68.1	52.3	29.8
2002	357.0	3.8	22.6	80.4	54.3	30.9
2003	334.3	3.8	21.8	74.8	112.7	31.6
2004	362.2	4.9	23.7	73.8	118.4	32.8
2005	371.3	4.4	23.6	72.5	123.6	33.9
2006	379.9	5.7	20.1	76.4	130.4	35.0
2007	380.6	5.8	19.5	92.5	137.6	36.0
2008	399.1	5.7	22.3	101.3	145.1	37.0
2009	398.7	4.8	23.7	92.2	153.2	38.4
2010	408.7	4.5	24.2	89.8	160.0	40.2
2011	425.2	4.9	24.6	93.2	169.5	41.7
2012	436.0	5.1	25.4	99.8	178.1	43.7
2013	443.5	4.6	25.9	101.3	184.9	45.5

注：2003年起水果产量含果用瓜。
数据来源：国家统计局统计资料。

9.农产品生产价格指数（2005~2013年）

（上年=100）

指　标	2005年	2006年	2007年	2008年	2009年	2010年	2011年	2012年	2013年
农产品生产价格指数	101.4	101.2	118.5	114.1	97.6	110.9	116.5	102.7	103.2
农业产品	101.6	104.5	109.8	108.4	102.9	116.6	107.8	104.8	104.3
谷物	99.2	102.1	109.0	107.1	104.9	112.8	109.7	104.8	103.1
小麦	96.4	100.1	105.5	108.7	107.9	107.9	105.2	102.9	106.7
稻谷	101.6	102.0	105.4	106.6	105.2	112.8	113.3	104.1	102.2
玉米	98.0	103.0	115.0	107.3	98.5	116.1	109.9	106.6	100.2
大豆	94.2	99.2	124.2	119.7	92.3	107.9	106.3	105.7	105.7
油料	91.3	104.8	133.4	128.0	94.2	112.1	112.1	105.2	102.4
棉花	111.8	97.1	109.6	90.6	111.8	157.7	79.5	98.1	103.9
糖料	111.6	121.1	100.0	98.4	101.5	106.0	125.5	105.0	98.9
蔬菜	107.2	109.3	106.9	104.7	111.8	116.8	103.4	109.9	106.9
水果	107.4	111.4	101.3	101.4	107.0	118.9	106.2	103.9	106.2
林业产品	104.8	112.8	104.4	108.5	94.9	122.8	114.9	101.2	99.1
畜牧产品	100.5	94.3	131.4	123.9	90.1	103.0	126.2	99.7	102.4
猪(毛重)	97.6	90.6	145.9	130.8	81.6	98.3	137.0	95.9	99.3
牛(毛重)	101.7	100.6	117.5	123.6	101.0	104.7	108.1	116.8	113.1
羊(毛重)	101.7	101.8	121.0	118.8	101.1	108.7	115.7	107.8	109.1
家禽(毛重)	105.6	97.2	117.0	111.9	102.2	107.0	112.0	103.8	103.2
蛋类	106.4	96.0	115.9	112.2	102.8	107.5	112.6	100.5	105.8
奶类	99.6	102.9	106.2	125.5	91.6	115.3	108.1	103.9	111.0
渔业产品	104.7	103.9	108.1	111.2	99.0	107.6	110.0	106.2	104.3
海水养殖产品							111.5	101.0	100.7
海水捕捞产品							111.2	110.9	107.7
淡水养殖产品							109.5	106.8	104.7
淡水捕捞产品							103.7	107.2	103.5

数据来源：国家统计局统计资料。

10.居民消费价格指数（2005～2013年）

（上年＝100）

项　目	2005年	2006年	2007年	2008年	2009年	2010年	2011年	2012年	2013年
居民消费价格指数	101.8	101.5	104.8	105.9	99.3	103.3	105.4	102.6	102.6
食品	102.9	102.3	112.3	114.3	100.7	107.2	111.8	104.8	104.7
#粮食	101.4	102.7	106.3	107.0	105.6	111.8	112.2	104.0	104.6
油脂	94.3	98.6	126.7	125.4	81.7	103.8	113.4	105.1	100.3
肉禽及其制品	102.5	97.1	131.7	121.7	91.3	102.9	122.6	102.1	104.3
蛋	104.6	96.0	121.8	104.3	101.6	108.3	114.2	97.1	104.9
水产品	105.9	101.2	105.1	114.2	102.5	108.1	112.1	108.0	104.2
菜	109.1	108.2	107.9	111.0	113.6	118.5	101.1	113.7	108.0
糖	104.0	111.2	101.6	104.0	102.5	108.3	111.2	104.2	100.5
茶及饮料	100.1	101.0	101.5	103.7	101.8	101.3	104.0	104.2	102.0
干鲜瓜果	102.2	117.9	102.2	110.8	107.1	114.6	115.9	100.1	105.9
液体乳及乳制品	100.9	100.9	102.7	117.0	101.5	102.8	105.1	103.2	105.7
烟酒及用品	100.4	100.6	101.7	102.9	101.5	101.6	102.8	102.9	100.3
#烟草	100.4	100.2	100.8	100.4	100.4	100.5	100.3	100.5	100.4
酒	100.6	101.2	103.5	107.5	103.4	103.6	106.7	106.3	100.3
衣着	98.3	99.4	99.4	98.5	98.0	99.0	102.1	103.1	102.3
#服装	98.1	99.0	99.4	98.3	97.8	99.1	102.4	103.3	102.4
鞋袜帽	98.3	100.2	99.0	98.2	97.8	98.2	100.7	102.3	101.6
家庭设备用品及维修服务	99.9	101.2	101.9	102.8	100.2	100.0	102.4	101.9	101.5
#耐用消费品	98.8	100.8	101.6	101.2	98.1	98.5	100.4	100.4	100.3
室内装饰品	99.5	100.0	100.3	100.2	99.7	99.9	101.0	100.8	100.4
家庭服务及加工维修服务	104.4	105.8	107.2	109.0	105.2	106.7	111.4	109.7	108.7
医疗保健和个人用品	99.9	101.1	102.1	102.9	101.2	103.2	103.4	102.0	101.3
医疗保健	99.5	100.2	102.1	102.2	101.4	103.3	102.9	101.7	101.5
个人用品及服务	100.8	103.2	102.1	104.4	100.8	103.0	104.4	102.6	101.0
交通和通信	99.0	99.9	99.1	99.1	97.6	99.6	100.5	99.9	99.6
交通	101.5	103.2	100.8	102.2	98.6	101.7	102.6	101.2	100.2
通信	96.6	96.4	97.1	95.6	96.3	97.3	97.5	98.0	98.8
娱乐教育文化用品及服务	102.2	99.5	99.0	99.3	99.3	100.6	100.4	100.5	101.8
文娱用耐用消费品及服务	93.8	94.2	93.1	92.3	90.6	94.3	93.7	94.5	96.3
教育	105.1	100.0	99.6	100.5	101.6	101.4	101.3	101.7	102.7
文化娱乐	101.2	101.0	101.0	101.3	102.5	101.0	101.1	101.3	101.4
旅游	99.6	103.1	102.3	101.1	97.5	104.9	103.8	101.7	104.0
居住	105.4	104.6	104.5	105.5	96.4	104.5	105.3	102.1	102.8
建房及装修材料	102.6	103.9	105.1	107.1	100.2	103.3	104.7	101.0	101.2
住房租金	101.9	102.7	104.2	103.5	101.6	104.9	105.3	102.7	104.1
自有住房	105.6	103.7	107.0	102.8	85.3	103.6	106.5	102.3	103.8
水电燃料	108.6	105.9	103.0	106.4	97.9	105.5	103.5	102.4	101.6

数据来源：国家统计局统计资料。

11.粮食成本收益变化情况表（1991～2013年）

单位：元

年份	每50公斤平均出售价格				每亩总成本				每亩净利润			
	粮食平均	稻谷	小麦	玉米	粮食平均	稻谷	小麦	玉米	粮食平均	稻谷	小麦	玉米
1991	26.1	28.5	30.0	21.1	153.9	188.4	138.4	135.3	34.3	62.4	6.3	34.0
1992	28.4	29.3	33.1	24.3	163.8	192.3	149.3	150.6	44.0	67.7	21.2	42.3
1993	35.8	40.4	36.5	30.2	178.6	211.2	169.8	155.2	92.3	145.1	35.6	95.8
1994	59.4	71.2	56.5	48.2	239.4	298.1	213.2	206.7	190.7	316.7	82.3	173.3
1995	75.1	82.1	75.4	67.0	321.8	391.4	281.7	292.2	223.9	311.1	130.5	230.1
1996	72.3	80.6	81.0	57.2	388.7	458.3	359.5	351.2	155.7	247.5	92.9	123.8
1997	65.1	69.4	70.1	55.8	386.1	450.2	349.5	358.4	105.4	171.8	74.8	69.8
1998	62.1	66.9	66.6	53.8	383.9	437.4	357.5	356.6	79.3	155.9	-6.2	88.2
1999	53.0	56.6	60.4	43.7	370.7	425.2	351.5	337.2	25.6	75.8	-12.1	11.2
2000	48.4	51.7	52.9	42.8	356.2	401.7	352.5	330.6	-3.2	50.1	-28.8	-6.9
2001	51.5	53.7	52.5	48.3	350.6	400.5	323.6	327.9	39.4	81.4	-27.5	64.3
2002	49.2	51.4	51.3	45.6	370.4	415.8	342.7	351.6	4.9	37.6	-52.7	30.8
2003	56.5	60.1	56.4	52.7	368.3	419.1	339.6	347.6	42.9	94.9	-30.3	62.8
2004	70.7	79.8	74.5	58.1	395.5	454.6	355.9	375.7	196.5	285.1	169.6	134.9
2005	67.4	77.7	69.0	55.5	425.0	493.3	389.6	392.3	122.6	192.7	79.4	95.5
2006	72.0	80.6	71.6	63.4	444.9	518.2	404.8	411.8	155.0	202.4	117.7	144.8
2007	78.8	85.2	75.6	74.8	481.1	555.2	438.6	449.7	185.2	229.1	125.3	200.8
2008	83.5	95.1	82.8	72.5	562.4	665.1	498.6	523.5	186.4	235.6	164.5	159.2
2009	91.3	99.1	92.4	82.0	630.3	716.7	592.0	582.3	162.4	217.6	125.5	144.2
2010	103.8	118.0	99.0	93.6	672.7	766.6	618.6	632.6	227.2	309.8	132.2	239.7
2011	115.4	134.5	104.0	106.1	791.2	897.0	712.3	764.2	250.8	371.3	117.9	263.1
2012	119.9	138.1	108.3	111.1	936.4	1055.1	830.4	924.2	168.4	285.7	21.3	197.7
2013	121.1	136.5	117.8	108.8	1026.2	1151.1	914.7	1012.0	72.9	154.8	-12.8	77.5

数据来源：国家发展改革委统计资料。

12.全国国有粮食企业主要粮食品种收购量（1978～2013年）

单位：贸易粮，万吨

年份	粮食合计	小麦	大米	玉米	大豆	其他
1978	5110.2	1176.8	1995.7	1046.7	216.0	675.0
1979	5925.0	1562.6	2201.0	1281.0	205.0	675.6
1980	5882.1	1396.1	2214.5	1357.8	296.5	617.3
1981	6255.5	1418.3	2421.1	1408.0	412.6	595.6
1982	7367.5	1933.6	2900.3	1427.4	401.7	704.5
1983	9879.6	2763.3	3312.4	2337.8	409.8	1056.3
1984	11165.9	3427.0	3858.1	2588.1	382.4	910.4
1985	7925.5	2666.1	3012.9	1374.2	503.3	369.0
1986	9453.2	2842.0	3258.7	2183.1	653.7	515.7
1987	9920.1	2816.2	3143.7	2848.6	609.7	501.9
1988	9430.4	2673.9	3185.9	2414.7	693.5	462.4
1989	10040.2	2855.5	3622.9	2587.7	620.0	354.1
1990	12364.5	3646.6	4316.0	3372.8	661.2	367.9
1991	11423.0	3392.5	3810.0	3338.4	582.2	300.0
1992	10414.4	3841.4	3272.6	2621.7	406.1	272.5
1993	9234.0	3373.1	2505.0	2470.0	606.2	279.7
1994	9226.4	3230.4	2697.6	2185.0	732.2	381.2
1995	9443.8	3125.0	3061.4	2435.6	522.5	299.3
1996	11919.8	3614.8	3382.2	4224.7	437.8	260.4
1997	11535.4	4600.2	3510.6	2692.2	515.2	217.3
1998	9654.5	2795.6	2562.0	3867.4	351.0	78.5
1999	12807.7	3863.3	3186.1	5425.1	246.6	86.6
2000	11695.1	4018.2	3327.3	4019.2	237.9	92.5
2001	11784.2	4437.9	2798.8	4128.2	326.8	92.5
2002	10826.3	4201.3	2189.6	4182.0	140.4	113.0
2003	9717.1	3682.0	2109.8	3702.5	120.3	102.5
2004	8919.5	3448.1	2138.1	3158.1	91.0	84.2
2005	11493.8	3745.2	2572.3	4529.9	506.0	140.4
2006	12256.5	6040.0	2153.5	3424.7	492.2	146.2
2007	10167.4	4733.2	1985.1	3008.3	321.5	119.5
2008	15470.9	6712.7	3604.8	4754.2	313.5	85.7
2009	15223.0	6834.0	2637.5	4988.5	653.0	110.2
2010	12406.0	6177.7	2136.0	3333.7	648.8	109.9
2011	11442.6	4650.4	2799.3	3428.1	465.7	99.2
2012	12363.5	4871.4	2574.4	4260.9	563.9	92.9
2013	16862.4	3998.8	3979.4	8472.7	317.2	94.3

注：1978～2002年粮食购销存数字按粮食年度统计，粮食年度是指当年4月1日至翌年3月31日。从2003年开始，粮食统计年度改为日历年度。年度数字均为国有粮食企业收购量。

数据来源：国家粮食局统计资料。

13.全国国有粮食企业主要粮食品种销售量（1978～2013年）

单位：贸易粮，万吨

年份	粮食合计	小麦	大米	玉米	大豆	其他
1978	5343.5	1869.5	1773.9	876.1	162.5	661.5
1979	5679.1	1940.3	1826.0	1067.9	179.8	665.1
1980	6416.8	2256.8	2014.3	1301.5	204.4	639.9
1981	7223.3	2563.5	2122.9	1622.3	239.0	675.6
1982	7710.4	2858.1	2289.5	1596.7	271.8	694.4
1983	8003.2	3005.9	2497.7	1458.5	288.8	752.4
1984	10417.9	3699.7	3438.5	1932.0	355.3	992.5
1985	8564.9	3078.5	3006.3	1328.1	322.9	829.1
1986	9347.7	3618.1	3243.9	1357.0	321.3	807.4
1987	9190.8	3643.3	3080.0	1423.8	355.5	688.2
1988	10091.0	3885.2	3038.0	1898.6	406.7	862.5
1989	8931.1	3521.8	2566.2	1846.1	346.5	650.5
1990	9033.3	3574.9	2770.5	1723.1	341.7	623.1
1991	10433.0	4085.0	3267.4	1046.3	1402.6	631.7
1992	9000.0	3247.0	3044.4	1637.3	256.8	814.5
1993	6700.3	2848.5	2128.5	1088.2	229.9	405.2
1994	7648.4	3328.2	2609.4	1121.3	234.0	355.5
1995	9264.2	3707.6	2896.8	1570.0	620.3	469.5
1996	7340.6	3090.3	2259.5	1346.7	356.8	287.3
1997	6830.7	2439.3	2042.9	1632.3	429.4	286.7
1998	6116.0	2137.1	1795.5	1648.5	348.6	186.3
1999	9353.3	3137.1	2420.9	3197.6	439.4	158.2
2000	12556.9	3961.9	3029.8	4718.5	645.5	201.2
2001	8528.7	3225.6	2155.6	2574.9	439.2	133.4
2002	12070.0	4733.0	3155.5	3551.5	510.5	119.5
2003	13453.7	5500.3	3559.1	3800.9	422.2	171.3
2004	11944.0	4640.6	3246.2	3574.5	309.3	173.4
2005	12138.3	4276.9	2556.8	4348.8	841.7	114.2
2006	12034.2	4246.1	2671.4	4133.2	847.6	135.9
2007	12958.3	5104.0	2896.0	3890.4	892.8	175.2
2008	15324.8	7352.8	3120.0	3985.4	755.9	110.7
2009	16693.2	7094.2	3054.1	5261.4	1145.7	137.8
2010	18911.2	7569.0	3047.6	6454.8	1662.9	176.9
2011	18922.3	7342.2	3609.3	5839.1	1992.2	139.6
2012	16829.4	6930.0	2970.8	4548.0	2188.1	192.6
2013	19442.4	7623.6	3064.0	6179.7	2418.0	157.2

注：1978～2002年粮食购销存数字按粮食年度统计，粮食年度是指当年4月1日至翌年3月31日。从2003年开始，粮食统计年度改为日历年度。年度数字均为国有粮食企业销售量。

数据来源：国家粮食局统计资料。

14.全国粮油进口情况表（1992~2013年）

单位：万吨

年份	粮食	谷物					大豆	食用植物油				
			小麦	大米	玉米	大麦			豆油	菜籽油	棕榈油	花生油
1992	1182.1	1152.0	1058.1	10.4	0.0	0.0	0.0	37.6	18.3	18.9	0.0	0.5
1993	16.3	0.7	0.6	0.0	0.0	0.0	0.0	23.6	7.6	15.0	0.0	0.8
1994	925.1	913.4	729.9	51.4	0.1	0.0	0.0	160.8	106.3	52.9	0.0	1.4
1995	2082.5	2035.7	1158.6	164.2	518.1	0.0	0.0	213.5	148.2	63.1	0.0	1.4
1996	1105.6	1078.1	824.6	76.1	44.1	0.0	0.0	162.7	129.5	31.6	0.0	0.5
1997	738.4	410.4	186.1	32.6	0.0	187.4	287.6	159.1	122.5	35.1	0.0	1.1
1998	742.0	382.4	148.9	24.4	25.1	151.9	319.2	112.7	83.2	28.5	0.0	0.9
1999	808.8	333.8	44.8	16.8	7.0	226.9	431.9	88.7	80.4	6.9	0.0	1.0
2000	1390.7	312.4	91.0	23.9	0.3	196.1	1041.9	41.4	30.6	7.5	1.5	1.0
2001	1950.4	344.3	73.9	26.9	3.9	236.8	1393.9	149.2	7.0	4.9	136.0	0.9
2002	1605.1	284.9	63.2	23.6	0.8	190.7	1131.4	266.3	87.0	7.8	169.5	0.4
2003	2525.8	208.0	44.7	25.7	0.1	136.3	2074.1	441.2	188.4	15.2	232.8	0.7
2004	3351.5	974.5	725.8	75.6	0.2	170.7	2023.0	529.1	251.6	35.3	239.0	0.0
2005	3647.0	627.1	353.9	51.4	0.4	217.9	2659.0	471.9	169.4	17.8	283.8	0.0
2006	3713.8	358.2	61.3	71.9	6.5	213.1	2823.7	581.3	154.3	4.4	418.7	0.0
2007	3731.0	155.5	10.1	48.8	3.5	91.3	3081.7	767.5	282.3	37.5	438.7	1.1
2008	4130.6	154.0	4.3	33.0	5.0	107.6	3743.6	752.8	258.6	27.0	464.7	0.6
2009	5223.1	315.0	90.4	35.7	8.4	173.8	4255.1	816.2	239.1	46.8	511.4	2.1
2010	6695.4	570.7	123.1	38.8	157.3	236.7	5479.8	687.2	134.1	98.5	431.4	6.8
2011	6390.0	544.6	125.8	59.8	175.4	177.6	5263.7	656.8	114.3	55.1	470.1	6.1
2012	8024.6	1398.2	370.1	236.9	520.8	252.8	5838.4	845.1	182.6	117.6	523.0	6.3
2013	8645.2	1458.1	553.5	227.1	326.6	233.5	6337.5	809.8	115.8	152.7	487.4	6.1

数据来源：国家发展改革委统计资料。

15.全国粮油出口情况表（1992~2013年）

单位：万吨

年份	粮食	谷物				大豆	食用植物油		
			小麦	大米	玉米			豆油	菜籽油
1992	1390.8	1193.9	0.3	95.3	1034.0	0.0	6.4	0.4	5.3
1993	151.5	1.3	0.0	0.1	1.1	0.0	13.2	1.5	5.8
1994	1306.3	1087.7	10.7	151.9	874.0	0.0	26.7	7.3	16.1
1995	162.2	43.2	1.6	4.7	11.3	0.0	25.2	6.6	17.1
1996	134.9	67.6	0.0	26.5	15.9	0.0	30.8	12.7	17.4
1997	878.1	788.5	0.1	93.9	661.7	18.6	71.0	55.6	14.1
1998	939.0	860.7	0.6	373.7	468.6	17.0	27.0	18.6	7.3
1999	840.3	721.2	0.1	270.8	430.5	20.4	9.2	5.3	2.6
2000	1452.4	1359.4	18.8	294.8	1029.4	21.1	11.0	3.5	5.4
2001	991.2	875.6	71.3	185.9	600.0	24.8	13.5	6.0	5.4
2002	1619.6	1482.2	97.7	198.2	1167.5	27.6	9.7	4.7	1.8
2003	2354.6	2194.7	251.4	260.5	1640.1	26.7	6.0	1.1	0.5
2004	620.4	473.4	108.9	89.8	232.4	33.5	6.5	1.9	0.5
2005	1182.3	1013.7	60.5	67.4	864.2	39.6	22.5	6.3	3.1
2006	774.4	605.2	151.0	124.0	309.9	37.9	39.9	11.8	14.5
2007	1169.5	986.7	307.3	134.3	492.1	45.6	16.6	6.6	2.2
2008	378.9	181.2	31.0	97.2	27.3	46.5	24.8	13.4	0.7
2009	328.3	131.7	24.5	78.0	13.0	34.6	11.4	6.9	0.9
2010	275.1	119.9	27.7	62.2	12.7	16.4	9.2	5.9	0.4
2011	287.5	116.4	32.8	51.6	13.6	20.8	12.2	5.1	0.3
2012	276.6	96.0	28.5	27.9	25.7	32.0	10.0	6.5	0.7
2013	243.1	94.7	27.8	47.8	7.8	20.9	11.5	9.0	0.6

数据来源：国家发展改革委统计资料。

16.2013年粮食行业单位与从业人员情况年报表

填报单位：全国

项 目	单位													
	单位总数	按层次划分				人员总数	其中：女	其中：少数民族	其中：中共党员	1．在岗职工	其中：企业经营管理人员	其中：专业技术人员	其中：技术工人	长期职工
		中央	省、（自治区、直辖市）	市（区、地、州、盟）	县（市、区、旗）及以下									
甲	1	2	3	4	5	6	7	8	9	10	11	12	13	14
总 计	43146	754	810	4454	37128	1071470	303748	45453	278390	1035942	148939	129354	181903	966890
一、行政机关	2473	1	36	397	2039	39600	9395	3619	32071	39422		708	3694	39192
二、事业单位	3346	10	174	784	2378	42490	14696	2866	24307	42047		12803	8208	41565
其中：参公管理事业单位	505	1	23	81	400	6895	1875	512	5161	6882		229	740	6851
三、企业	37327	743	600	3273	32711	989380	279657	38968	222012	954473	148939	115843	170001	886133
其中：国有及国有控股企业	14008	743	443	1464	11358	471387	140272	20610	166700	449694	86656	63012	79927	431916

注：1.“单位总数”：指具有法人资格的独立核算单位。

2.“从业人员”：指报告期的最后一天，在各级国家机关、政党机关、社会团体及企业、事业单位中工作，取得工资或其他形式的劳动报酬的全部人员。包括在岗职工、再就业的离退休人员、民办教师以及在各单位中工作的外方人员和港澳台方人员、兼职人员、借用的外单位人员和第二职业 者。不包括离开单位仍保留劳动关系的职工。

3.“在岗职工”：指在本单位工作并由单位支付工资的人员，以及有工作岗位，但由于学习、病伤产假（六个月以内）等原因暂未工作，仍由单位支付工资的人员。其中，长期职工是指用工期限在一年以上（含一年）的在岗职工，当年新分配的大中专技校毕业生虽在当年用工期限不满一年，但应视为长期职工；临时职工是指用工期限在一年以内的在岗职工，包括签订一年以内的劳动合同或使用期不超过一年的临时性、季节性用工，如临时招用的清洁工、司炉工等。

4.“其他从业人员”：是指劳动统计制度规定不做在岗职工统计，但实际参加各单位工作并取得劳动报酬的人员。包括：聘用和留用的离退休人员；聘用的外籍人员和港、澳、台方人员；领取补贴的人员（指主要由街道、里弄临时安排到单位劳动锻炼的待业青年和犯了错误开除公职留用察看的人员）、兼职人员和从事第二职业者，不包括领取报酬的在校学生；使用外单位离岗职工。

5.“学历”：指在国家认可的各类学校接受正规教育的学习经历，有国家认可的毕业证书，含全日制教育和在职教育。其中，研究生含博士研究生、硕士研究生。参加各种课程进修班学习获得结业证书的，不作为学历依据。

数据来源：国家粮食局统计资料。

单位：人数，人；单位数，个

从业人员																
			按层次划分				按学历划分						按年龄划分			
按用工期限划分		2.其他从业人员	中央	省、（自治区、直辖市）	市（区、地、州、盟）	县（市、区、旗）及以下	研究生	大学本科	大学专科	中专	高中	初中及以下	35岁及以下	36～45岁	46～54岁	55岁及以上
	临时职工															
	15	16	17	18	19	20	21	22	23	24	25	26	27	28	29	30
	69052	35528	78011	57048	201559	734852	8846	101120	197278	187000	320765	256461	323236	398860	274225	75149
	230	178	123	1875	7937	29665	1547	13405	15892	3966	3762	1028	4477	9956	18612	6555
	482	443	449	6980	8399	26662	1492	11394	14602	5448	7247	2307	9389	13178	15364	4559
	31	13	18	160	883	5834	122	1975	2949	814	802	233	995	1844	2949	1107
	68340	34907	77439	48193	185223	678525	5807	76321	166784	177586	309756	253126	309370	375726	240249	64035
	17778	21693	77439	36509	84777	272662	2999	38552	95733	90455	147741	95907	121886	183152	130796	35553

后　记

经国家粮食局批准，在有关部门的大力支持下，《中国粮食发展报告》自2004年以来已连续出版10年，受到社会的普遍关注，得到了有关部门及社会各界的一致肯定。《2014中国粮食发展报告》（以下简称《报告》）全面、客观地介绍了我国2013年粮食发展情况，针对当前粮食生产和流通领域的热点、难点问题进行对策研究，收录了较为完备的粮食行业统计资料。《报告》（包括附表）所有统计资料和数据均未包括我国香港、澳门特别行政区和台湾地区。

《报告》在编写过程中得到了国家发展改革委、农业部、国家统计局等有关部门的大力支持，参加《报告》编写工作的部门及单位有：国家发展改革委经贸司、农经司、价格司，农业部种植业管理司，国家统计局综合司、农村司，国家粮食局办公室、人事司、外事司、调控司、政策法规司、监督检查司、财务司、流通与科技发展司，国家粮油信息中心、标准质量中心、发展交流中心，中国粮油学会、中国粮食行业协会杂粮分会等。

在此，谨向在《报告》编写过程中给予大力支持的领导、专家和同志们表示衷心的感谢！《报告》如有不妥之处，敬请批评指正。

中国粮食研究培训中心

《中国粮食发展报告》编辑部

2014年11月18日